Die Menschwerdung Gottes im Bibeltext

Gerhard Kaiser

Die Menschwerdung Gottes im Bibeltext

Mit einem Nachwort
von Karl Kardinal Lehmann

francke
VERLAG

Gerhard Kaiser ist emeritierter Ordinarius für Neuere Deutsche Literaturgeschichte an der Albert Ludwigs-Universität Freiburg im Breisgau, Dr. phil. h.c. (Universität Lüttich), Dr. theol. h.c. (Evangelisch-Theologische Fakultät der Universität Tübingen).

Titelbild: Der Evangelist Johannes, russische Metallikone, 17. Jh., Privatbesitz des Verfassers, vgl. Stefan Jeckel, Russische Metall-Ikonen – in Formsand gegossener Glaube, [4]1999. Foto: Thomas Kunz.

Bibliografische Information der Deutschen Nationalbibliothek

Die Deutsche Nationalbibliothek verzeichnet diese Publikation in der Deutschen Nationalbibliografie; detaillierte bibliografische Daten sind im Internet über http://dnb.d-nb.de abrufbar.

Gedruckt auf säurefreiem und alterungsbeständigem Werkdruckpapier.

Internet: http://www.francke.de
E-Mail: info@francke.de

Printed in Germany

ISBN 978-3-7720-8412-6

Inhalt

Vorbemerkung

Ein junger Mann unter dem offenem Himmel der idealisierten Landschaft von Patmos, in der Pose des Ekstatikers unerhörten Offenbarungen hingegeben – das ist die geläufige Bildvorstellung des Evangelisten und Propheten Johannes. Die auf dem Einband abgebildete russische Metallikone aus dem 17. Jahrhundert zeigt Johannes als gänzlich anderen Typus. Ein vollbärtiger, kahlköpfiger, kräftig gebauter alter Mann sitzt barfüßig erdfest auf einem stabilen Renaissancestuhl vor seinem Schreibtisch in einer Studierklause, deren Abgrenzung nach draußen deutlich durch solides Mauerwerk markiert wird. Ein geschlossenes Buch, wohl sein Evangelium, liegt auf seinem Schoß. Auf der Schreibfläche stehen Tintenfass und Schreibfeder, daneben ein gepunztes Kästchen – man könnte anachronistisch assoziieren: für Notizzettel. Der Adler, wegen seiner himmelsstürmenden Kraft Evangelistenattribut des Johannes, sitzt als braves Haustier hinterm Pult, ein Weihrauch-Schwenkgefäß im Schnabel. „Bild des heiligen Evangelisten Johannes, des Theologen" ist die ordentlich feststellende dreigeteilte Überschrift der Darstellung. Eine markante Schmuckleiste, die nach oben in einen Giebel mit drei Rundbögen ausläuft, unterstreicht das Eingegrenzte und darin Konzentrierte der Szene. Man ist an den heiligen Hieronymus im Gelehrtengehäuse mit seinem schlafenden Löwen im Hintergrund erinnert.

Das ist kein Bild der Inspiration, wenn man Inspiration als Gegenbegriff zu Konzentration, Nachdenken und Arbeiten fasst: Dort Erleuchtung und Offenbarung; hier Denk-, Formulierungs- und Schreibanstrengung. Meine These läuft dieser Opposition entgegen, und die Ikone tut es auch. In ihrem mittigen Knauf, oberhalb des geschlossenen Bildfeldes, erscheint, von Alter und Gebrauch abgeschliffen, das nach vorn unten dem Johannes zugeneigte Haupt Jesu Christi mit Nimbus, wie ihn auch das Haupt des Johannes und des Adlers umgibt. Dieser Christus ist dem Johannes jenseitig und doch nahe. Das Gehäuse des wortmächtigen Gelehrten ist von dieser Nähe noch einmal eingehüllt. Um den Raum der konzentrierten Anstrengung legt sich der Mantel der Inspiration.

Die Offenbarung des christlichen Gottes vollzieht sich als seine Menschwerdung, als Inkarnation im – laut Johannes – „fleischgewordenen Wort“ (Joh 1,14). Im Evangelium wird das Wort Fleisch nicht als vom Himmel fallende unmittelbare Eingebung oder heilige Schrift, sondern in Denk- und Schreibarbeit, Erzählen und Erörtern von Menschen, denen es lebensnotwendig ist, von der Gotteserfahrung Zeugnis zu geben, die dem Jüngerkreis zuteil geworden ist. Das ist die genaue textuelle Entsprechung der Menschwerdung Gottes.

An der Erarbeitung, Bearbeitung der Inspiration, die als Bibeltext Gestalt gewonnen hat und als Bibeltext immer wieder umkreist sein will, haben die Jahrtausende der Hermeneutik und Theologie teil, die – ein Gelingen im Scheitern – das Unsägliche der biblischen Botschaft säglich zu machen suchen. So gesehen, ist Johannes durchaus ein ‚Vorbild‘ des Hieronymus im Gehäuse. Die uralte Geste des Nachdenkens, in der Johannes auf der Ikone den Finger an die Lippen legt, ist zugleich die uralte Geste des Geheimnisses. Das Evangelium, das er im Schoß trägt, ist das offenbare Geheimnis: Wort Gottes durch den Menschen.

*

Der folgende kleine Text hat mehrere Geburtshelfer: meine Frau, die, wie seit vielen Jahren, auch jetzt die Niederschrift im Gespräch begleitete; die Schülerin und Freundin Barbara Nichtweiß, die als Theologin dem Nichttheologen entscheidende Ermutigung gab und mir alle redaktionellen Arbeiten abnahm;

vor allem aber Karl Kardinal Lehmann, Bischof von Mainz, dessen Zustimmung zu meinen Konfessions- und Fakultätsgrenzen überschreitenden Fragestellungen mir seit Jahren Rückhalt verleiht. Zum wiederholten Mal hat er seinen Zuspruch mit einem Druckkostenzuschuss verbunden.

I Gott gibt Menschen das Wort

Menschlicher Text oder Gottes Wort – eine falsche Alternative

Das Christentum ist eine Offenbarungsreligion. Wir finden es nicht in uns und durch uns. Aber wie und wo kann es uns erreichen? Die Reformatoren hätten ohne Zögern gesagt: „Sola fide, sola scriptura". Die Offenbarung kann uns nur in der Bibel und von der Bibel her treffen.[1] Die Bibel ist Gottes Wort. Aber hat nicht die vor allem seit dem 18. Jahrhundert entwickelte historisch-kritische Methode der Theologie die Bibel als Produkt und Dokument der Religionsgeschichte des Judentums und Christentums, demnach als Konvolut historischer Urkunden, zu sehen und zu relativieren gelehrt? Die eine Position schließt die andere nicht aus; im Gegenteil.[2] Die Bibel ist gerade und erst recht als geschichtlich hervorgebrachtes Menschenwerk Offenbarung des Gottes, an den Christen glauben. Sie ist es sogar darin, dass Gott sich in ihr nicht unmittelbar, sondern *durch Menschen* offenbart, so wie er sich in Jesus Christus *als Mensch* offenbart. Ich setze bei der Begründung meiner These die Inkarnationstheologie und die Kreuzestheologie als geglaubt voraus, denn: „Gott kannst du nicht mit einem Andern reden hören, sondern nur, wenn du der Angeredete bist." So Ludwig Wittgenstein.[3] Glauben kann man nicht argumentativ hervorrufen. Aber man kann ihn, als Angeredeter, bedenken. Im Ausgang von den *im Inhalt* der Bibel gründenden theologischen Ecksteinen des christlichen Glaubens erweist sich mir rückgreifend die *Mitteilungsweise* der Bibel als ‚Entsprechung' zu Inkarnation und Erlösung am Kreuz. Die Bibel ist die Text-Verwirklichung der Menschwerdung Gottes.

---

[1] Von der Bibel her – das heißt: im Gottesdienst der Kirchen, der sich in Taufe, Liturgie mit Abendmahl bzw. Kommunion und Predigt in der Bibel gründet.

[2] Siehe dazu unten S. 75ff.

[3] Ludwig Wittgenstein: Zettel. Oxford (Blackwell) 1967 u. ö., S. 124 (Nr. 717).

Sie ist es als Produkt schriftstellerischer Arbeit von Menschen im Zusammenhang einer Glaubensgemeinschaft, die sich gedrängt fühlten, überwältigende Ereignisse göttlicher Nähe und Wirkung schriftlich, als Text, festzuhalten und damit weithin und zeitüberdauernd zu bekunden. Wo aber bleibt bei dieser Sicht die Inspiration, wie vollzieht sich der ‚Einfall' der Offenbarung? Einzigartig in jedem Autor und meist nicht von außen zu fassen. Er kann sich in langem Nachsinnen prozesshaft einstellen; er kann ein Offenbarungsblitz sein, wie er Saulus trifft, ihn zunächst blendet, weil seine bisherige Welt ihm untergeht, dann ihm ein Licht aufgehen lässt und ihn für sein weiteres Leben zum Prediger und Apostel Paulus macht. Erschütterung, Gestaltungs- und Wirkungswille entspringen aus der gleichen Quelle; der ganze Mensch schreibt. Was wir haben, ist der Text – Worte, Sätze, Bilder, Stil, Ausdruck, Hin- und Herbeziehungen, Zitate, Redaktionen. Das Alte und Neue Testament sind gewiss nicht als Ganzes entstanden, aber sie sind auch nicht einfach irgendwie zufällig zustandegekommen, sondern in Anlehnung der Autoren aneinander und Auseinandersetzung miteinander gewachsen. Die Vernetzungen reichen von den vielfältigen Beziehungen des Alten Testaments im Neuen bis zu analogischen oder kontrastiven Verweisungen etwa zwischen der Versuchungsaufforderung des Teufels Mt 4 an Jesus, Steine in Brot zu verwandeln, und den Speisungswundern oder dem letzten Abendmahl. Die biblischen Schriften haben in ihrem textlichen Umfeld einen Beziehungsreichtum gewonnen, der mehr sagt als die ursprünglichen Wortlaute. Schließlich ist das Ganze in Redaktionen gefügt und komponiert. Dabei sehe ich auch das Komponierte der Endgestalt der Testamente nicht einfach als Bewusstseinskonstrukt – das auch –, sondern zugleich als Durchsetzung textimmanenter Tendenzen, sozusagen der Dynamik und immanenten Schwerkraft der Texte selbst, die sich zur Geltung bringen. Hegel hat von der List der Vernunft gesprochen. Ich möchte von der zuweilen dramatischen, zuweilen stillen ‚listigen' Wirkungskraft der Texte sprechen, die da am Werk ist. Auf die aus einem Prozess hervorgegangene kodifizierte Endgestalt der Heiligen Schrift kommt es mir jedenfalls an, sie verstehe ich als Offenbarungsträger.

In allgemeiner Weise gilt diese Aussage für die gesamte Heilige Schrift, das Alte und das Neue Testament, trotz der großen Unterschiede in Umfang, Inhalt und Entstehung: dort häufig ein großer zeitlicher Abstand zum Berichteten, hier ein kleiner mit dichter mündlicher Zeugenüberlieferung; dort eine Ausformung des Textkorpus über lange Zeiträume hinweg, hier in eher kurzer Zeit; dort ein Schneeballsystem[4] der Textkonstitution oft durch verschiedene Autoren, bei dem immer neue Textpartien in die vorliegenden Texte eingeschmolzen wurden, hier im großen Ganzen einheitliche Verfasserschaften; dort eine noch größere Bedeutung von Redaktionen für die Textkonstitution, hier eine geringere. Vor allem: dort eine durch Jahrhunderte gehende Geschichte eines auserwählten Volks, hier die Lebensspur des Menschheitserlösers. Die Gemeinsamkeit von Altem und Neuem Testament in Bezug auf den Offenbarungscharakter der Darstellung ist trotzdem größer als die Verschiedenheit, und sie wird noch größer, wenn man vom Neuen Testament her auf das Alte blickt. Wie Jesus Christus sich immer wieder in seinem Selbst- und Sendungsverständnis auf das Alte Testament zurückbezieht, wie die Verfasser des Neuen Testaments sich gleicherweise immer wieder auf das Alte Testament berufen, wie die Christen von der Urgemeinde bis heute das Alte Testament im Licht des Neuen Testaments lesen und lesen dürfen, so kann vom Neuen Testament her die These gewagt werden: Das Neue Testament ist in seiner Darstellungsweise die letzte Konsequenz und die konsequente Manifestation der Menschwerdung Gottes, und vom Neuen Testament her angeblickt ist die Darstellungsweise des

---

4 Christoph Levin: Das Alte Testament. München 2001 (Beck'sche Reihe), S. 25.

Gott-Mensch-Verhältnisses im Alten Testament die Vorbereitung dieser Inkarnation des göttlichen Wortes, die sich im Neuen Testament vollzieht, so wie der Johannes-Prolog mit seiner Worttheologie auf das göttliche Schöpfungswort des Alten Testaments zurückgreift: „Im Anfang war das Wort [...] Und das Wort ward Fleisch und wohnte unter uns." (Joh 1,1.14) Deshalb werde ich im Folgenden meine Aussagen zum Neuen Testament immer wieder auch rückbeziehen auf das Alte oder von ihm her entwickeln.

Die Gottesoffenbarung in der Bibel und im Koran

Der alttestamentliche Gott tritt als Befreier seines auserwählten Volks auf. Der neutestamentliche Gott wird Mensch in Jesus Christus. Beides geschieht als Ereignis und Vorgang in der Welt der Geschichte und wird in die Welt getragen durch Menschen, die als existentiell Betroffene davon unter Aufbietung aller Kräfte berichten, predigen, verkündigen, so dass alle ihre Faktenaussagen gleichzeitig und untrennbar davon zugleich als Glaubensbotschaften verstanden sein wollen. Ihre Aussagen sind Wort Gottes, formuliert und schließlich in Schriftform gebracht durch Menschen. Der Apostel Paulus dankt Gott „ohne Unterlass" dafür, dass die Gemeinde zu Thessaloniki seine Predigt von Jesus Christus „nicht als Menschenwort aufgenommen" hat, „sondern als das, was es in Wahrheit ist, als Gottes Wort, das in euch wirkt, die ihr glaubt" (1 Thess 2,13). Welche Ungeheuerlichkeit in diesem Anspruch eines ehemaligen blutigen Verfolgers der Christusgemeinde liegt, lehrt ein Seitenblick auf den Koran, das Offenbarungsbuch der dem Judentum und Christentum nächststehenden Offenbarungsreligion. Christus kommt als göttliches Kind zur Welt, das einen Lebensweg zum Menschheitskönig am Kreuz geht, der Koran hingegen kommt als immer schon fertige göttliche Schrift. Der Koran ist dem Anspruch und dem Selbstverständnis nach *unmittelbar* Wort Gottes und teilt seine Eigenschaften: Er ist ewig und unvergänglich, erste und letzte Wahrheit, und darin geht er auch der Bibel voraus, denn er enthält in ursprünglicher Reinheit, was in ihr menschlich verdunkelt sei. Wenn er sich auf die Bibel bezieht, dann nicht in Form des Kommentars, sondern der Korrektur. Dem Propheten als abgeschlossenes Buch in arabischer Schrift überreicht, spricht im Koran Gott selbst, und wenn das in dritter Person oder erster Person Plural geschieht, ist das eine Form der Majestätsrede, aber nicht ein Reden über ihn. Allah ist im Wortsinn Diktator seiner Wahrheit, seiner Taten und seines Willens. Der Koran ist so wortwörtlich Gottesdiktat, dass er streng genommen nicht aus dem Arabischen als seiner Urschrift in eine andere Sprache übersetzt werden kann.

Zwar entwickelt auch das Christentum ein Dogma von der Verbalinspiration der menschlichen Autoren des Neuen Testaments, aber es ist doch ein großer Unterschied, ob Gott den Menschen mit einer überwältigenden, normativ abgeschlossenen Kundgabe seiner Allmacht und Allweisheit beschenkt oder ob er ihn zu eigenem Sprechen und schließlich Schreiben erleuchtet. Zum definitiven, normativen Charakter der Offenbarung Allahs gehört die Fixierung des Korans als Buch, das als vorgegebenes auf die Erde gebracht wird. Die Inspirationslehre im Christentum ist eine Geistlehre und hat – von zeitweilig extremen Positionen der lutherischen Orthodoxie abgesehen – auch nie eine so eherne Festigkeit erreicht, dass die biblischen Autoren lediglich als Sprachrohre und Schreibmaschinen der Offenbarung hätten verstanden werden können. In der Geschichte des Christentums wurden die Autoren der Evangelien und der anderen neutestamentlichen Schriften vielmehr als Individuen mit je eigener Blickrichtung und Theologie wahrgenommen. Warum sonst vier Evangelien nebeneinander? Auch werden im biblischen Text explizit individuelle Autorüberlegungen erkennbar. So legt Lukas am Anfang seines Evangeliums förmlich Rechenschaft ab über die Prinzipien und Ziele seines Berichts von den Ereignissen, in deren Zentrum Jesus Christus steht, und die Lehrschriften des Neuen Testaments sind alle – gewiß zuweilen in fragwürdigen Zuweisungen – individuellen Autoren, Anlässen und Empfängern zugeschrieben worden. Gott spricht im Neuen Testament durch Menschen, die in Menschenrede zu Menschen sprechen.

Der Gott des Korans jedoch redet in eigener Person. Er ist ein dem Menschen entgegentretender Gott der religiösen Belehrungen und Lehrbeispiele, der Gebote, Selbsterklärungen, Verheißungen, Strafandrohungen, Argumentationen, der Vorschriften für richtigen Gottesdienst, richtiges Beten und Gott wohlgefälliges Leben. Allah erzählt keine Geschichten von sich, die der Mensch auslegen müsste, sollte und dürfte, sondern verweist lediglich zuweilen auf Geschichten, etwa aus der Bibel, als argumentbezogene Exempel. Streng genommen ist auch die Schöpfung im Koran Argument. Die biblische Schöpfungsgeschichte verkündet Taten Gottes; im Koran verkündet Allah seine Größe als Schöpfer. Dagegen der biblische Gott: Er spricht zwar auch selber – im Alten Testament als Gesetzgeber, Bündnispartner, Weisungsgeber und Berufender der Propheten; im Neuen Testament durch die beiden fast gleich lautenden göttlichen Anerkennungsformeln bei der Taufe und bei der Verklärung Jesu auf dem Berg Tabor: „Du bist mein lieber Sohn, an dir habe ich Wohlgefallen." (Lk 3,22; fast wortgleich Mt 3,17; Mk 1,11; Tabor: Mk 9,7; Mt 17,5; Lk 9,35) Vor allem aber spricht der neutestamentliche Gott vermittelt in der Inkarnationsgestalt Jesu Christi in Predigten, Gleichnissen, Geboten, Selbstprädikationen. Aber alle göttlichen Reden der Bibel zusammen, einschließlich der Reden Jesu, sind eingebettet in schriftliche Geschichtsberichte menschlicher Verfasser. Sie lassen diese Gottesäußerungen als direkte Reden oder als Schriftdokumente in einen Darstellungsfluss einfließen, den der menschliche Autor als Instanz verantwortet. Auch Jesus Christus diktiert nicht Worte Gottes. Kein schriftliches Wort ist von ihm überliefert. Er *ist* Wort Gottes in der Unmittelbarkeit, Fülle und Ganzheit seiner Existenz, das von Menschen ‚umschrieben' wird. Dieser Sachverhalt hat ein enormes Gewicht, denn er macht den von menschlichen Verfassern dargebotenen Text zum letzten Wort des Evangeliums.

Der Evangelienbericht komponiert die Bergpredigt

Das gilt selbst für einen Extremfall wie die Bergpredigt bei Matthäus. Auch wenn unbekannt wäre, dass sie vom Evangelisten aus Einzelzeugnissen zu einem Ganzen komponiert ist, sogar wenn sie wörtlich so, wie sie ist, Predigt Jesu wäre, bliebe der Sachverhalt, dass sie auch als Predigt Jesu in direkter Rede Bestandteil eines von Matthäus dargestellten Ablaufs ist, der übergreifende Zusammenhänge stiftet. Jesus steigt auf einen Berg und setzt sich nieder: Das Niedersitzen ist die Souveränitätsgeste des Lehrers, der „ex cathedra“ spricht; der Berg, traditioneller religiöser Topos, stellt einen Verweisungszusammenhang mit der Sinai-Offenbarung als dem Gründungsakt des Alten Bundes her. Der Berg Sinai ist der Berg des Alten Bundes; vom Berg der Bergpredigt geht der neue Bund aus, der den Sinai-Bund in sich aufnimmt, indem er ihn übersteigt. Jesus erklärt in seiner Predigt: „Ihr sollt nicht meinen, dass ich gekommen bin, das Gesetz und die Propheten aufzulösen; ich bin nicht gekommen aufzulösen, sondern zu erfüllen.“ (5,17) Dann aber vollzieht er – die mosaische Gesetzgebung kommentierend – eine rhetorisch sich wiederholende Wendung, die dieses Erfüllen so weit über das Mosaische Gesetz hinaushebt, wie in den alttestamentlichen Prophetenschriften Erfüllung über Verheißung hinausreicht und ihre überschwengliche Einlösung meint: „Ihr habt gehört, dass gesagt ist (Ex 20,14) [...] Ich aber sage euch [...]“ (5,27; so auch 21.31.33 usw.)

Nach Beendigung der Bergpredigt geht die Geschichte weiter. Matthäus lässt Jesus – analog dem Mose – vom Berg der Verkündigung hinabsteigen in die tiefste Niederung menschlichen Elends. Aber er kommt nicht zu einem abgefallenen Volk; er kommt zu einem leidenden Einzelnen und wendet sich ihm individuell zu. Er begegnet einem Aussätzigen, der in seiner Not, Verbitterung und seinem Ausgeschlossensein aus der Gemeinde keine Predigt, keine Selbstprädikation eines Heilands, sondern nichts als Heilung sucht, ja, als Souveränitätsbeweis einfordert: „Herr, wenn du willst, kannst du mich reinigen." (8,2) Jesus lässt sich darauf ein, durchbricht die Isolierung des Ausgeschlossenen, indem er den Unberührbaren berührt, und spricht das verlangte Machtwort: „Ich will's tun." (8,3) Keine Glaubensfrage, keine Glaubensrede richtet er an den Geheilten, lediglich die sachliche Aufforderung, die Mosaische Regelung für die Wiederaufnahme geheilter Aussätziger in die Gemeinde zu befolgen. Diese Episode ist wie ein kompositorisches Gegengewicht zur Bergpredigt: dort äußerste Höhenlage der Gottesrede; hier nackte, fast sprachlose Praxis, dabei umso königlicher, je weniger Worte gemacht werden. Und das Bindeglied zwischen diesen Extremen messianischen Wirkens sind lediglich zwei Wörter Jesu: „Sei rein" (8,3).[5] Sie sagen zunächst einmal nur die Wiederherstellung körperlicher Unversehrtheit zu und enthalten doch zugleich eine Quintessenz der gesamten Bergpredigt, denn sie weisen zurück auf die Seligpreisung „Selig sind, die reinen Herzens sind, denn sie werden Gott schauen." (Mt 5,8) Sind die Seligpreisungen ein Schwerpunkt der Bergpredigt, so ist diese Seligpreisung wiederum darin ein Schwerpunkt, denn sie verbindet eine umfassende positive Bestimmung des menschlichen Gottes- und Weltverhältnisses, um die es in dieser Predigt ja geht, mit einer Verheißung, die nicht kontrastiv den Ausgleich eines

---

[5] Ich zitiere auch hier, wie durchgehend, die Lutherübersetzung in der revidierten Fassung von 1984.

irdischen Leidenszustands in Aussicht stellt, sondern positiv eine Verbindung schlägt von menschlicher Herzensreinheit zum alles einschließenden Glück: Gott zu schauen. Es ist die Komposition der Berichterstattung durch den Evangelisten, die diesen äußersten Sinnhorizont hervorbringt.

Derart ergibt sich: Der biblische Gott erscheint in Jesus Christus nicht durch isolierte monologische Predigt-Verlautbarungen, sozusagen argumentative Spitzen, die aus einem lediglich verbindenden redaktionellen Text herausragen, sondern in einem Geflecht von Redesituationen, Handlungen und Ereignissen, die Menschen zu Mitakteuren in Gottes Weltaktion machen und über die oder von denen Menschen berichten. Ist Allah in erster Linie ein diktierender Gott, so ist der Gott der Bibel in erster Linie ein handelnder und im Neuen Testament auch leidender Gott, dessen Taten, Leiden und Reden durch Berichterstatter zu einem Ganzen gefügt werden. Der Gott des Korans ist der Lenker der Geschichte von außen. Der Gott der Bibel tritt im Alten Testament als Handelnder in die geschichtliche Welt ein, ehe er sich zuletzt im Neuen Testament in Jesus Christus als Mensch in sie einlässt und sie als leidender Gottessohn am tiefsten auf Vollendung hin verwandelt. Das Evangelium ist Wort Gottes, indem Menschen nicht allein Worte Christi, vielmehr Christus als Gottes Wort verkündigen. Ehe noch Johannes die großartige Formel vom Fleisch gewordenen Wort gefunden hat, ist es als solches in derartigen Geschichten Gestalt und Ereignis geworden. Als Fleisch gewordenes Wort hat Christus bei der Heilung des Aussätzigen ein Schöpfungswunder vollbracht, indem er aus einem Haufen Elend, in Anspruchshaltung erstarrt, allein durch das Wort einen Menschen schöpft und ihn dem Gottesvolk zuordnet.

Die Offenbarung der Zehn Gebote in der Darstellung des Alten Testaments

Dabei zeigt schon das Alte Testament in seinem zentralen Geschehen, der eben bereits angeklungenen Sinai-Offenbarung, die den Gottesbund mit Israel als seinem auserwählten Volk begründet, dass der jüdische wie der christliche Gott sich handelnd offenbart und seine eigene Rede durch auserwählte Menschen vermitteln lässt.[6] Da Gott im Alten Testament zwar in die Geschichte eingreift, aber nicht als menschgewordener Gott in sie eintritt, entsteht dabei – im Unterschied zur Bergpredigt, die direkt von Christus zu den Menschen seiner Umgebung ergeht – ein Dreierbeziehung zwischen Gott, seinem menschlichen Auserwählten Mose und dem Volk. Im Verhältnis Gottes zu Mose zeigt sich die gnädige Annäherung Gottes an den Menschen[7]; in Gottes striktem Fernhalten des Volks, das doch Gottes auserwähltes Bundesvolk werden wird, zeigt sich die Distanz, die der alttestamentliche Gott zwischen sich und den Menschen aufrechterhält und sogar mehrfach verschärft. Allein Mose wird der Rede Gottes auf dem Offenbarungsberg Sinai gewürdigt. Das Volk muss bei Todesstrafe fernbleiben und ist von der ihm als Rede unverständlichen, in Donner, Blitz, Posaunenton und Rauch eingehüllten Gottesoffenbarung an Mose so verstört, dass es Mose von sich aus bittet, nur durch ihn vermittelt mit Gott zu tun zu bekommen: „Rede du mit uns; wir wollen hören; aber lass Gott nicht mit uns reden, wir könnten sonst sterben." (Ex 20,19). Und doch wird dieses Volk Gottes Bundespartner, nachdem es durch Mose *den* Teil der großen mündlichen Offenbarung Gottes aufgeschrieben bekommen und umgesetzt hat,

---

6 In den folgenden Überlegungen zur Sinai-Offenbarung sehe ich von der historischen Zusammenfügung des alttestamentlichen Texts ab und gehe der erkennbaren inneren Logik des Vorgangs nach, auf den allein es hier ankommt.

7 Eine Differenzierung dieser Aussage erfolgt unten S. 28ff.

der für die Errichtung eines Kult- und Vertragsverhältnisses unentbehrlich ist (Ex 24). Schon ein solches Bündnis wäre für die muslimische Gottesvorstellung undenkbar. Allah hat zwar einen Propheten, aber er will keine menschlichen Bundespartner, sondern unbedingt Gläubige.

Doch die eigentliche Sensation ist noch gar nicht in den Blick genommen: Nachdem der Bund gestiftet ist, überreicht Gott dem Mose, der immerzu zwischen ihm auf dem Offenbarungsberg und dem Volk in der Wüste unterwegs ist, auf zwei von Gott selbst angefertigten Steintafeln den Kernbestand seiner an Mose zuerst mündlich ergangenen großen Offenbarung und damit des Bundesvertrags, die Zehn Gebote. Sie sind mit Gottes eigenem Finger dem Stein eingeschrieben (Ex 24,12; 31,18), während die erste Mosaische Niederschrift sich wohl lediglich auf das „Buch des Bundes“ (Ex 24,7), Fest-, Kult-, Opfer- und Gottesdienstvorschriften und Rechtsverordnungen enthaltend, als Voraussetzung des kultischen Bundschlusses beschränkt hatte. Gottes eigenhändige Niederschrift der Gesetzestafeln ist ein enormes Zeichen der Ewigkeitsbestimmung seines Bundes mit dem Volk, dem er schon in seinen Vätern von Abraham an und dann vor allem durch die Rettung aus der ägyptischen Sklaverei Gnade erwiesen hat. Es ist aber auch ein enormes Zeichen der – trotz allem – Menschenannäherung Gottes, die er durch die spezifisch menschliche, eigenhändige Tätigkeit des Schreibens einer Botschaft ausübt. Gott diktiert nicht sein Gesetz; er wird sein eigener Schreiber. Diese göttlichen Gesetzestafeln, diese Ewigkeitszeichen, kommen nun aber gar nicht in den Besitz des Volks. Mose zerschmettert sie im Zorn, als er, vom Offenbarungsberg herabsteigend, das Volk beim Tanz ums Goldene Kalb vorfindet, einem Götzen nach Art der Götter der Nachbarvölker. Hier hatte das Volk in der angsterregenden Abwesenheit des Mose auf dem Sinai religiöse Zuflucht gesucht durch Opfer und orgiastisches Treiben, statt des doch gerade erst geschlossenen Gottesbundes einzugedenken (Ex 32,19). Und nun erst geschieht das Entscheidende: Auf die Fürbitte des Mose, dem damit eine unerhörte Bedeutung als Ratgeber Gottes zuerkannt wird, verzichtet Gott darauf, das abtrünnige Volk zu vernichten (Ex 32,14). Er gibt es nicht auf. Bei einer weiteren Gottesbegegnung auf dem Sinai erteilt er vielmehr dem Mann Mose den Auftrag, die Gesetzestafeln, das gegenständliche und durch die Schrift unabänderliche Zeichen des ewigen Vertrags, wiederherzustellen, mit seinen menschlichen Händen die Steintafeln neu zurechtzuschlagen und in sie die göttlichen Gesetze einzumeißeln. Und erst diese zweiten, in vierzigtägiger Sammlung aller seiner Kräfte von Mose angefertigten Tafeln werden zum allerheiligsten Text des Dekalogs in der Bundeslade, dem wandernden höchsten Heiligtum Israels (Ex 25,16). Die von Mose hergestellten Gesetzestafeln sind das Schlussdokument des Gottesbundes. Indem Mose die göttlichen Gesetze in eigener Anstrengung niederschreibt als ‚Evangelium' des Gottesbundes mit Israel, ist der Führer und Prophet sozusagen das alttestamentliche Urbild des Evangelisten.

Der alttestamentliche Gott vertraut also seine wichtigste Offenbarung der Mühe und Kraft eines Menschen an. Er offenbart sich zunächst als der ganz Andere, Verstörende, zuletzt als der tief zum Menschen hinabgebeugte, um dessen Verständnis bemühte begnadigende Gott. Er nimmt sogar den Menschen in seinen Sünden und durch sie zum Mitarbeiter seines Heilswerks, indem er den Abfall des Volks in den Götzendienst und Moses übereiltes Zorneshandeln letztendlich dazu dienen lässt, das Offenbarungsgeschehen entscheidend zu vertiefen, es sozusagen dem Menschen über Mose zu verinnerlichen: Die ersten von Gott selbst beschriebenen Gesetzestafeln waren Verfügungen, die Gehorsam einforderten – darin den Gottesgeboten des Koran vergleichbar. Die zweiten Gesetzestafeln sind nicht einfach Kopien der ersten und damit gnädige Reparatur eines Missgeschicks; sie sind vielmehr die von Mose, dem gewaltigen Schreiber, in mühseliger und langwieriger Arbeit niedergeschriebenen, ihm eingeschriebenen, ihm ins Herz geschriebenen Gottesgesetze. Und sie sind im Darstellungszusammenhang Zeugnis des Verzeihens für den Abfall, überwältigendes Gnadendokument für das reuige Gottesvolk. Die Eindringlichkeit dieses Bundesaktes entsteht zum einen aus der Vereinigung von Macht- und Gnadenhandeln Gottes, zum andern aus der Verschränkung des Gotteshandelns mit dem Menschenhandeln, das in die Irre geht und doch im Irren, ohne es zu wissen, Gottes Handlungsrichtung konsequent verwirklicht. Nicht der bloße Gesetzestext, sondern die Entstehung der Gottesverlautbarung im Respons mit den Menschen wird als biblischer Text mitgeteilt. Nicht der Dekalog für sich ist die Gottesoffenbarung (wobei auch dieser schon mit dem Verweis auf die Befreiung aus ägyptischer Gefangenschaft mit der Erinnerung an göttliches Heilshandeln beginnt), sondern der in den Ereignis- und Entstehungszusammenhang *eingebettete* Gesetzestext ist die Gnadenoffenbarung, die das jüdische Fest der Freude des Gesetzes begründet, wo der Rabbi mit der Thora im Arm tanzt.

Der Unterschied zwischen den beiden Bergverkündigungen Gottes im Neuen und Alten Testament – durch den Gottessohn Jesus in der Bergpredigt, über Mose auf dem Sinai – drängt sich auf. Doch trotz des Gegensatzes zwischen der Verwickeltheit und großen zeitlichen Erstreckung des Geschehensablaufs am Sinai und der kompositionellen Straffheit und Klarheit des Bergpredigt-Komplexes ist auch die Analogie zwischen beiden Darstellungen offensichtlich: Beide Male ist nicht die direkte Gottesrede bzw. die Christus-Predigt für sich, sondern der biblische Bericht über das Gesamtereignis, in dessen Zusammenhang die Gottesrede steht, die göttliche Botschaft. Menschen erzählen Menschen von Gottesoffenbarungen an Menschen, und das ist das Wort Gottes.

Das Neue Testament – Inkarnation als Textgeschehen

Allah ist da, man könnte frei nach Artistoteles' Auffassung von Gott sagen: als unbewegter Beweger. Der jüdisch-christliche Gott ist in Bewegung auf den Menschen zu, er wird für Menschen erst denkbar als sich annähernder, kommender[8], der sich redend, agierend und reagierend radikal bis zur Inkarnation in die menschliche Geschichte einlässt. Aber darin ist nun auch eine Auslieferung an den Menschen enthalten – in Jesus Christus bis zum Tod am Kreuz. Wenn die Bibel, in letzter Instanz das Neue Testament, als Offenbarung des die Menschen liebenden Gottes durch Menschenberichte und Menschenüberlegungen ‚beim Wort' genommen wird, dann zeigt sich in Gottes Zuwendung zum Menschen und zum Menschendenken eine tiefe Herablassung zu dessen geschöpflich begrenztem Vermögen des Verstehens, Mitteilens, Nachfolgens. Darin liegt eine äußerste Liebesvorgabe Gottes, die auch eine große Schmerzlichkeit enthält – im Blick auf Gott, der sich hingibt, aber auch im Blick auf den Menschen, der ihn bei noch so großer Anstrengung nie ganz fassen kann. Bei jeder Öffnung für Gott bleibt der Mensch ein Stück weit incurvatus in se (in sich selbst verkrümmt). Die alte Kirche und die Autoren des Neuen Testaments haben von dieser Not gewusst. Der dem Menschen durch Menschen sich offenbarende Gott verhüllt sich – auch und gerade als sich offenbarender – um der Ermöglichung der Offenbarung willen in eine Knechtsgestalt, die sich des Menschen erbarmt und Gnade ist. Als wie erbärmlich und selbstbezogen erweisen sich immer wieder sogar die Jünger Jesu, die Treuesten der Treuen, in den Berichten des Neuen Testaments! Wie eindringlich spricht Paulus nicht nur von seiner Berufung, von seinem Hinausgerissensein über sich selbst, sondern auch von seinen Grenzen, Schwächen, Verdunkelungen. Dem neutestamentlichen Gott ist der durch-

[8] „Gottes Sein ist im Kommen." Eberhard Jüngel: Gott als Geheimnis der Welt. Tübingen (Mohr) ^{6}1992 (^{8}2010), S. 213.

gehende Überwältigungsgestus Allahs fremd; er appelliert geduldig und wird in Christus als der Liebende unser Bruder, und wo die Macht in ihm hervorleuchtet, geschieht es als eine Hoheit, die sich zurücknimmt – oft in die Stille und Einsamkeit des Gebets –, oder sogar in Kontrapunktik zu Situationen der scheinbaren Niederlage – so beim Niederstürzen des Verhaftungskommandos in Gethsemane im Johannesevangelium (18,6), das spontan das Zeremoniell der Proskynese im Kaiserkult erfüllt. Gott als den Kommenden zu erfahren, heißt immer auch: als den noch Ausstehenden und als noch ausstehenden Ersehnten. Die Darstellungsweise der Bibel zeugt von dieser Spannung des Geöffnet- und Ausgestrecktseins, die auf die Herablassung Gottes antwortet.

II Gott will erzählt sein

Die Gattung Erzählung als Offenbarungsweise Gottes in der Bibel

Das geschieht am deutlichsten in der Gattung der Erzählung, die schon das Alte Testament im Kern dominiert. Einerseits ist die Form der Geschichtserzählung der privilegierte Modus für die Bekundung der Menschwerdung Gottes, denn diese ist ja ein Geschichtlichwerden Gottes in Jesus Christus. Geschichte will erzählt sein, so auch die Geschichte Jesu und Gottes in Jesus Christus. Zwar enthält das Neue Testament viel an expliziter Theologie, und sie ist in den Paulusbriefen sogar früher als die Evangelien. Aber diese Theologie ist situativ, affektiv, oft verkürzend oder in sich verschlungen, auf jeweilige Empfänger und ihre Problemlagen bezogen und damit das Gegenteil systematischer umfassender Konstruktion. Hätten wir nur die Briefe des Paulus, gäbe es kein Christentum. Es gründet letztlich in den

Evangelien, die mit dem Erzähl-Schwergewicht auf Passion, Tod und Auferstehung ein Gesamtbild von Leben, Lehre und Wirksamkeit Jesu geben. Eine der stärksten Klammern zwischen Neuem Testament und Altem Testament liegt darin, dass beide im Kern Geschichtserzählungen von Gott sind, und zwar Parallelgeschichten. Denn das Alte Testament erzählt von einem Gott, der sich selbst als ein geschichtlich Handelnder bestimmt und das Volk seines Bundes aus der ägyptischen Sklaverei in die Freiheit geführt hat. Das ist eine fortlaufende Geschichte, und die Zukunftsrichtung der Geschichte Gottes mit seinem Volk ist der Hauptimpuls der alttestamentlichen Prophetie. Das Neue Testament erzählt von Leben, Wirken, Leiden, Tod und Auferstehung des Gottessohns, der in die Geschichte hineingeboren wird und alle Menschen, nicht nur ein auserwähltes Volk, durch Gnade in die Freiheit führt – nun aus einer inneren Sklaverei der Sünde und Selbstverfangenheit zur Freiheit der Kinder Gottes, die mit Liebe auf die vorgängige Liebesoffenbarung Gottes antworten dürfen. Und wieder führt diese Zukunftsrichtung in die Prophetie – die Johannesoffenbarung.[9]

Die Erzählung ist die angemessene Weise, von Geschichte zu berichten, denn sie besitzt wie die Geschichte selbst eine temporale Struktur. Das gilt für alle Dimensionen der Geschichtsdarstellung von der Biographie bis zur weltgeschichtlichen Darstellung. Logische Überlegungen und Darlegungen sind in sich zeitlos und beanspruchen Allgemeingültigkeit; Deklarationen und Sprechakte haben zwar einen aktuellen Bezug, aber sie müssen ihn nicht in sich entfalten. Die Geschichtserzählung trägt in sich einen Zeitpfeil, der aus Vorhergehendem Folgen entspringen lässt. Auch dieser Zusammenhang kann wie die logische Darlegung Erkenntnisse vermitteln, doch weniger strikt. Was in der Erzäh-

[9] Zum theologischen Hintergrund vgl. Eberhard Jüngel: Gott als Geheimnis der Welt (wie Anm. 8), dort den Paragraphen: Die Menschlichkeit Gottes als zu erzählende Geschichte, S. 409ff.

lung geschieht, geschieht aus Gründen, aber auch anderes hätte aus Gründen geschehen können. Das Allgemeine erscheint in der Geschichtserzählung an Eigentümlichem und umgekehrt. Diese Spannung zwischen Einzelnem und Allgemeinem und zwischen Gegenwärtigem und Gewesenem und Zukünftigem, zwischen Ursache und Folge, Ermöglichungsgrund und Auswirkung, Einzelereignis und übergreifendem Geschehen gilt für alle Geschichtserzählungen, in besonderer Weise aber für die Erzählung von einem geschichtlich handelnden Gott und erst recht einem in die Geschichte hineingeborenen Gott. Sie muss einer höchsten Anforderung genügen. Die *fiktionale* Erzählung hat einen Spielraum, wohin sie die Geschichte führen will; zwar nicht in der Weise der Willkür, denn der Zuhörer verlangt immer eine gewisse Folgerichtigkeit und Sinnerfüllung des Erzählten, aber doch in der Weise der freien Konstruktion von Möglichkeiten. Die *historische* Erzählung ist demgegenüber realitätsgebunden, auch wo sie mit Hypothesen und Wahrscheinlichkeiten arbeitet. Aber sie hat doch eine Realität zum Thema, die nur im Rückblick der Erzählung als das folgerichtige Ergebnis der Verflechtung der erzählten Ereignisse sich darbietet. In sich selbst gehört sie wiederum einem zur Zukunft offenen Geschichtsverlaufs an. Die realgeschichtliche Geschichtserzählung darf also nicht im strengen Sinn teleologisch, von einem angenommenen letzten Geschichtsziel her erfolgen, ebensowenig, wie sie vom Anfang aller Geschichte ausgehen kann. Die *Geschichtserzählung von einem geschichtlich handelnden, ja als Person in die Geschichte handelnd und leidend eingehenden, geschichtlich sich offenbarenden Gott* aber steht unter einem letzten Anspruch: Sie will und muss im Erzählen vom Weg Gottes in der Geschichte, der von der Geburt bis zum Tod führt, zwingend und mit Wahrheitsanspruch vom Sinn und Ziel der Welt erzählen, und zwar implizit, vordeutend in Verheißungen und apokalyptischer Prophetie, weil das Eschaton, die Apokalypse, die ‚Aufdeckung' der letzten

Geheimnisse, noch kommen wird. Die Erzählung muss, indem sie die Inkarnation des ewigen Gottes als Verzeitlichung in einem begrenzten geschichtlichen Geschehen darstellt, zugleich erkennbar werden lassen, dass und wie Gott Anfang und Ende ist und die Geschichte als ganze in Händen hält und in seine Ewigkeit einbettet. Solche Erzählung ist die Verkündigungsweise des Neuen Testaments.

Die alttestamentliche Erzählung: Gottes Herablassung zu Mose als Offenbarungsträger

An diesem letzten Anspruch nun zeigt sich, dass selbst die privilegierte Weise von Gott zu reden, die biblische Geschichtserzählung, als menschliche Redeweise hinter ihrer Aufgabe notwendig zurückbleibt. Ihre Größe besteht darin, dass sie dieses Zurückbleiben wiederum aussprechen kann – in der Form der Erzählung. So in der Vorgeschichte der bereits erörterten Sinai-Offenbarung, der Berufungsgeschichte des Mose nach Gottes Erscheinung im brennenden Dornbusch (Ex 2–4), die ihn zum Führer des Volks Israel aus der ägyptischen Gefangenschaft macht und schließlich während der Wüstenwanderung auf den Sinai führt. Gott gewährt dem Mose in seiner Berufung Erfüllungen, die zugleich Verweigerungen enthalten und leise auf das göttliche Verhalten gegenüber dem Gottesvolk auf dem Sinai vorweisen. Gott ruft den Mose mit Namen, aber er hält ihn auch in Distanz: „Tritt nicht herzu …" (3,5). Mose verhüllt sein Angesicht in Furcht (3,6), aber erbittet von Gott als Zeichen seiner Berufung dessen Namen. Gott verweigert das, denn die Namenskenntnis würde magische Macht über den Namensträger gewähren; stattdessen gibt Gott eine Selbstprädikation, die sich dem Menschen zuwendet, ihm gleichsam die auf den Menschen sich richtende Facette seiner allumfassenden Göttlichkeit zukehrt: „Ich werde sein, der ich sein werde." (3,14) Darin liegt statt der

Gewährung magischer Macht an den Menschen die personale Zusage der Treue: Dergestalt, wie Gott jetzt für den Menschen da ist, immer für ihn da zu sein. Und zur Bekräftigung zitiert Gott seine Taten, die ihn zum Gott der Väter Israels gemacht haben. Mose soll den Israeliten sagen: „Der Herr, der Gott eurer Väter, der Gott Abrahams, der Gott Isaaks, der Gott Jakobs hat mich zu euch gesandt. Das ist mein Name auf ewig, mit dem man mich anrufen soll von Geschlecht zu Geschlecht." (3,15) Als Mose weitere Zeichen seiner Berufung für das ungläubige Volk erbittet, tut Gott Wunder an ihm, unter anderem, dass er ihn mit Aussatz schlägt, im Alten Testament die fürchterlichste aller Krankheiten, weil sie den Befallenen aus dem Volk Gottes ausschließt. Doch Gott tut das nur zum Zeichen seiner Macht, Mose sofort wieder vom Aussatz zu heilen (4,6f).

Als aber Mose zuletzt als Berufungshindernis seine schwere Sprache und schwere Zunge anführt (4,10), wird Gott zornig. Statt den Mose nun auch von seinem Sprachfehler zu heilen, der als Leiden im Vergleich zum Aussatz relativ geringfügig ist, als Behinderung für einen charismatischen Lenker und Propheten seines Volks aber sehr schwerwiegend, verweist er ihn an seinen sprachgewandten Bruder Aaron: „Du sollst zu ihm reden und die Worte in seinen Mund legen. Und ich will mit deinem und seinem Munde sein und euch lehren, was ihr tun sollt. Und er soll für dich zum Volk reden; er soll dein Mund sein und du sollst für ihn Gott sein." (4,15f). Nicht nur beruft also Gott einen Sprachbehinderten zum Verkündiger seiner Gottesrede und seines Gotteswillens; nicht nur macht er ein Leiden seines Auserwählten zum Berufungsmerkmal – wie er Jakob aus dem Gotteskampf am Jabbok mit dem neuem Heilsnamen Israel, aber mit lahmer Hüfte hervorgehen lässt (Gen 32,23–33); er stellt dem Mose im Verhältnis zu seinem Bruder Aaron auch lebenslang ein Modell des Verhältnisses zwischen Gott und Mose vor Augen: Mose ist der bevollmächtigte Sprecher Gottes wie Aaron der seines Bruders Mose – und dabei ist Aaron ein äußerst fehlbarer Gottessprecher, denn er ist es, der am Sinai das Volk zum Tanz ums Goldene Kalb verführen wird (Ex 32,3–5). Die merkwürdige Episode prägt exemplarisch ein, dass Gottes Rede durch Menschenrede zum Menschen kommt und auf diesem Weg eine Milderung, aber auch eine Minderung erfährt. Von Gott her gesehen, ist die Sprachbehinderung des Mose gleichgültig – durch Menschen sich zur Sprache zu bringen ist für Gott ohnehin selbstauferlegte Sprachbehinderung, hat er sich doch sogar im Munde der Unmündigen sein Loblied bereitet (Ps 8,3). Von Gott her gesehen, kann Mose für Aaron ohne weiteres die Rolle Gottes und der ach so fehlbare Aaron für Mose die Rolle des göttlichen Mundes spielen, denn Gottes Agieren mit dem Menschen ist ohnehin Verhüllung, Vermenschlichung aus Herablassung. Bildkräftig ist hier gesagt: Menschenrede von Gott ist ein Vermittlungsprodukt, aber ein Vermittlungsprodukt, das sich in der von Menschen stammenden Erzählung über Moses Berufung seiner Relativität bewusst und ihrer eingedenk ist.

Soweit das Alte Testament zum Thema Herablassung Gottes in der Offenbarung. Seine Selbstprädikation bei der Mosesberufung: „Ich werde sein, der ich sein werde“ ist wie eine Vordeutung auf die Abschiedsverheißung Jesu an seine Jünger: „Siehe, ich bin bei euch alle Tage von nun an bis an der Welt Ende.“ (Mt 28,20). Aber wenn die Jünger dem zum Himmel aufsteigenden Christus hinterhersehen, haben sie vorher rückhaltlos von Angesicht zu Angesicht mit ihm leben dürfen, eine Nähe, die der Gott des Alten Testaments nicht einmal Mose gewährt, geschweige denn dem Gottesvolk. Als Mose nach dem Abfall des Volks in den Götzendienst abermals von Gott ein bestätigendes Berufungszeichen für sich erbittet und Gott zu sehen verlangt, antwortet Gott: „Kein Mensch wird leben, der mich sieht.“ (Ex 33,20) Und dann erlangt Mose das Äußerste: „Wenn [...] meine Herrlichkeit vorübergeht, will ich dich in die Felskluft stellen und meine Hand über dir halten, bis ich vorübergegangen bin." (Ex 33,22) Schon dass Gott unsichtbar mit Mose redet, verleiht dessen Angesicht einen Glanz, vor dem sich das Volk fürchtet, so dass er eine Decke auf sein Gesicht legt, ehe er Gottes Reden dem Volk weitergibt (Ex 34,29ff). So sehr ist Gott noch in der Offenbarung ein verhüllter, dass sich sogar der Offenbarungsträger das Gesicht verhüllen muss, um die Offenbarung menschengemäß weitergeben zu können.

Die neutestamentliche Erzählung: Gott begibt sich als Herr und Bruder in die Knechtsgestalt

Im Neuen Testament sind die Einschränkungen der Gottesmitteilung, von denen die Berufung des Mose spricht, in Gewährungen verwandelt, die allerdings trotzdem wiederum ein Verzichtsmoment in sich enthalten – so in der Himmelfahrt Christi. Sie bleiben Verheißungen auf Zukunft, darin schmerzlich in der Gegenwart der Entbehrung. Im Menschen Christus zeigt Gott sein menschliches Gesicht – „Wer mich sieht, der sieht den Vater" (Joh 14,9); aber vorerst auch nur sein menschliches, auf Gottvater durchsichtiges. Im Menschen Jesus Christus tritt Gott in die Geschichte ein – aber auch *nur im Menschen* Jesus Christus, im Fleisch gewordenen Wort, nicht in seiner schrankenlosen Allmacht, Ubiquität und Ewigkeit, denn dann schmölzen die Geschichte und ihre Erzählbarkeit augenblicklich dahin. Noch in der liturgischen Anbetungsformel der himmlischen Chöre, an der ja der Mensch teilhaben darf, ist die Ganzheit Gottes in Zeitdimensionen zersplittert: „Wie es war am Anfang, jetzt und immerdar, und von Ewigkeit zu Ewigkeit." Das heißt: Auch und erst recht alle über das Alte Testament hinausgehenden Gewährungen für den Menschen sind neutestamentlich Selbsteinschränkungen Gottes, die er sich um des Menschen willen liebend auferlegt, indem er seine Offenbarung bis zum Verbrechertod am

Kreuzesgalgen durchhält. Die alttestamentliche Offenbarung Gottes ist gnädige Herablassung seiner Majestät; die neutestamentliche Offenbarung Gottes ist radikal als Inkarnation, aber sie ist als Inkarnation auch radikal in der Selbsteinschränkung in eine Knechtsgestalt. Und insofern ist schon die Knechtsgestalt der Menschwerdung Vorgriff auf die Kreuzigung – Krippe und Kreuz sind aus demselben Holz gefügt. Die Offenbarung des Königs am Verbrechergalgen durch Menschenwort, und sei es das Evangelium, ist Kreuzigung. Indem Menschen menschlich von Gott sprechen dürfen, um ihn zu offenbaren, lässt er sich von ihnen durch ihre ‚Verfehlungen' und ‚Versprechungen' auch kreuzigen – durch ‚Versprechungen', die auch an ihm vorbeisprechen, indem sie von ihm sprechen. Und in dieser Kreuzigung Gottes im Menschenwort der Schrift liegt zuerst und zuletzt wiederum Erlösung, eben Evangelium. Denn der *Kreuzestod* ist ja unsere *Erlösung*. Wem das zu hart klingt, der denke daran, dass der Christenmörder Saulus zum größten Verkündiger Christi wird, der verleugnende Petrus zum Felsen der Kirche und Christus durch die „felix culpa" der Menschen zum Erlöser – so die alte Osterliturgie. Das Kreuz als Inbegriff menschlicher Verfehlung Gottes ist auch das, worin er uns am nächsten kommt – festgehalten im Menschenwort der Heiligen Schrift.

Derweise sind alle Aussagen über den Willen Gottes, erzählt zu werden, auch vor ihrer dunklen Folie zu lesen. Der von Menschen erzählte Gott ist auch der Gott, der sich herablässt, neutestamentlich sogar in die Knechtsgestalt hineinerzählen lässt. Gewiss, die temporale Struktur des Erzählens entspricht der temporalen Struktur des Gotteshandelns mit dem Menschen. Aber zur Erzählung gehört der Erzähler, sei es als Figur innerhalb der erzählten Handlung, sei es als Erzählperson, die außerhalb der erzählten Handlung steht, sei es als neutrale, nicht sich als Person artikulierende außenstehende Erzählinstanz, wie fast immer in der Bibel. So oder so – indem erzählt wird, wird das erzählte Geschehen perspektiviert und das heißt einem eingeengten und einengenden Blick unterworfen. Bereits das Faktum der Perspektivierung Gottes in der Erzählung ist seine Einengung. Bereits das Erzählbarmachen Gottes als Verzeitlichung ist Verzeitlichung des Ewigen für uns, um unsertwillen. Aber Gott will um unsertwillen, dass seine Unsagbarkeit sagbar gemacht wird, er lässt es nicht nur zu. Und deshalb ist in einer wunderbaren Umkehr die Herablassung Gottes bis zur Knechtsgestalt in der biblischen Erzählung wiederum eine Weise Gottes, den Menschen umso intensiver in das Geschehen Gottes zu verwickeln, ihn heftiger zu bewegen, seine gedankliche Kraft energisch bis zum Äußersten in Anspruch zu nehmen, ihn in das Drama des Heils hineinzuziehen, so dass sogar die Verdunkelung Gottes in der Erzählung von ihm zum Medium seiner Offenbarung werden kann.

Temporale Struktur des biblischen Erzählens: gleichzeitig Rückblick und Vorläufigkeit

Zwar hat der Mensch als dichterischer Erzähler einen Trick erfunden, die Perspektive episch-fiktional ins Unbegrenzte auszuweiten, indem er prätendiert, aus der Situation des ‚olympian view point', des göttergleichen Überblicks, wie ihn die Olympier besitzen, zu erzählen. Dann hat er den Habitus des Allwissenden und leuchtet Handlung, Spielorte, Figuren, Sinn des Geschehens durchdringend und allerhellend aus – so der Erzähler der Homerischen Epen. Aber indem der Homerische Rhapsode als allwissender gleichsam unter den Göttern Platz nimmt, erweisen sie sich in all ihrer Macht und all ihren Bestrebungen umgekehrt als menschenartig und oft klein. Die biblischen Erzähler sind das Gegenbild des allwissenden Erzählers, wie überhaupt die allwissende Erzählinstanz als erzählerische Möglichkeit vorab der fiktionalen Dichtung zugehört, wogegen die biblischen Erzählungen ja beanspruchen, eine Wahrheitsbotschaft vom Wirken Gottes zu sein. Weil diese Wahrheitsbotschaft den Menschen, dem sie anvertraut ist, weit übersteigt, ist die Erzählinstanz letztendlich überblicklos. Sie erzählt zwar auch – wie Erzähler meist – auf ein vorgewusstes Ergebnis der Geschichte hin, aber ein nur vorläufiges. Diese Offenheit der Zukunft des zu Erzählenden führt im Alten Testament zu komplizierten Textverschichtungen und Umerzählungen, weil die Geschichtsbücher des Alten Testaments zu verschiedenen Zeiten abgefasst und redigiert worden sind und dementsprechend von ihrer jeweiligen historischen Gegenwart her rückblickend die Geschichte als Führungsgeschichte eines auserwählten Volkes neu perspektivieren mussten. Der Geschichtsstoff musste wiederholt neu geordnet werden, denn es galt, noch die Leidens- und Strafgeschichten, durch die das Volk des Gottesbundes geführt wird, letztendlich als Auserwählungsgeschichten, jedenfalls als Leidensberichte, die zur Auserwählung gehören, lesbar zu machen. Dieses spezifisch alttestamentliche Strukturproblem soll hier dahingestellt bleiben. Die Evangelisten des Neuen Testaments erzählen rückblickend von Ostern her und bewältigen damit ein anderes Erzählproblem, das an die schon zitierte Gnadenerweisung Gottes für Moses nach dem Abfall des Volks zum Goldenen Kalb (Ex 32) erinnert. Diese Reminiszenz ist nicht zufällig, denn es bestätigt sich darin noch einmal die Strukturverwandtschaft zwischen Neuem und Altem Testament in Bezug auf ihren Offenbarungscharakter: Mose darf Gott nicht sehen, sonst müsste er sterben. Der Herr bedeckt deshalb im Vorübergehen die Augen des Auserwählten; aber er darf Gott hinterhersehen (Ex 33,21–23). Der Mensch darf als Offenbarungsträger von Gott erzählen, indem er ihm hinterhersieht. Das epische Präteritum der Bibel ist nicht eines der erzählerischen Macht, die aus der Distanz zuwächst, sondern der demütigen Anerkennung des Abstands zwischen dem menschlichen Boten und seiner göttlichen Botschaft. Den Lebensgang des Gottessohns bis zum Äußersten, bis zu Kreuzigung und Tod, mit vollem Bewusstsein und emotionalem Mitvollzug in einer Erzählung zu vergegenwärtigen, überschritte menschliche Grenzen, und es ist zu bezweifeln, dass sich die Evangelien anders als von Ostern her überhaupt hätten erzählen lassen. Reißt doch erst die Auferweckung Jesu das Schweigen Gottes und die fürchterliche Verfinsterung der Menschen auf, die über Passion und Kreuzigung liegen und von daher rückwirkend auch die Darstellung der Wanderpredigerexistenz Jesu bis zum Einzug in Jerusalem einfärben. Wer hätte im Angesicht des Leidenden und Sterbenden am Kreuz erzählen können?

Indem die Leidensgeschichte von Ostern her erzählt wird, extremiert sich in ihr das Problem der alttestamentlichen Geschichtsschreibung, dass eine gottverhängte Leidensgeschichte und sogar Strafgeschichte letztendlich in sich selbst schon eine Auserwählungs- und Gnadengeschichte sein kann. Und es löst sich zugleich auf. Schon alttestamentlich ist bereits der leidende Hiob ein von Gott auserwählter Zeuge, wie denn überhaupt der leidende Gerechte eine alttestamentliche Figur ist. Beide Geschichtsaspekte, der Auserwählung und des Leidens, sind im Neuen Testament ineinander geschoben und werden zeitlich eins. Indem die Evangelisten von Ostern her erzählen, dürfen sie zwar – wie Mose – Gott nur hinterherblicken, aber indem sie ihm hinterherblicken, wird ihnen auch der Glanz der Auferstehung zum Hintergrund für die Erzählung der Schreckensnacht der Passion. Und trotzdem steht auch das Ostergeschehen – obwohl Endpunkt des Erdenwandels des Gottessohns – noch im Feld der ‚Vorläufigkeit', das vom Täufer und von Jesus Christus schon am Beginn ihrer Wirksamkeit abgesteckt wird. Das Gottesreich ist nahe herbeigekommen; es ist tatsächlich in Christus schon da, aber so wie im einzelnen Samenkorn die Fülle der Ernte. Der Erdenwandel Jesu steht als messianisches Ereignis vor dem Horizont des alles vollendenden Weltendes; doch auch der auferstandene Jesus

Christus noch ist zu einem Abschied auferstanden, freilich einem triumphalen und verheißungsvollen.

Damit steht auch für die Erzähler die Vollendung der Heilsgeschichte noch aus, die Aufdeckung. Sie stehen *in* der Geschichte, die sie erzählen, nicht über ihr, vom Schein der Auferstehung erhellt und doch auch noch tastend, die verheißene Herrlichkeit nur ahnend. Und wieder haben alle Leiden bis zur eschatologischen Vollendung eine Folie, die etwas wie eine Corona um die Nacht auch der noch zukünftigen Leiden der Christusjünger in der Christenverfolgung legt: Diese Folie gibt die Offenbarung Johannis als letztes, als *das* prophetische Buch des Neuen Testaments. In großartigen Symbolen wird hier neben der letzten Weltkrise auch die heilsgeschichtliche Vollendung der Welt prophetisch vorweggenommen. Aus Jesajas Vision Gottes auf dem Thron im Tempel, angebetet von Seraphim mit dem liturgischen Huldigungsruf: „Heilig, heilig, heilig ist der Herr Zebaoth, alle Lande sind seiner Ehre voll!" (Jes 6,3) wird die Vision des Johannes vom Himmelsthron (Offb 4,2ff). Aber die Transposition erfolgt mit einer alles entscheidenden Veränderung. „Einer" sitzt auf dem Thron, unbenannt und unnennbar, „anzusehen wie der Stein Jaspis und Sarder, und ein Regenbogen war um den Thron anzusehen wie ein Smaragd". Er ist umgeben von einem Hofstaat von vierundzwanzig selbst thronenden und gekrönten Ältesten, während sich vor dem Thron ein Meer wie ein Kristall erstreckt. Statt der Seraphim bei Jesaja huldigen in der „Offenbarung" himmlische Gestalten gleich einem Löwen, einem Stier, einem Menschen (als himmlische Gestalt ein Engel) und einem fliegenden Adler dem Thronenden mit dem Dreimalheilig, jetzt aber nicht mehr in der räumlichen Eingrenzung des Tempels, wie dort, sondern bei freiem Himmel unter Blitz, Donner und Himmelsstimmen. Das grandiose alttestamentliche Bild vom Herrn im Tempel wird überboten, es wird pseudo-versinnlicht und sprengt nun alle Vorstellungskategorien und Dimensionen.

Edelsteine und Planetenzeichen werden aufgeboten, nur um vor der Gewalt der Herrlichkeit der zu beschreibenden Erscheinungen letztendlich zu versagen und inadäquat zu wirken. Ist Gott anzusehen wie ein Stein, und sei es ein Edelstein? Das alttestamentliche Bild Jes 6 wird bei Johannes ins Äußerste gesteigert, und trotzdem ist ihm gleichzeitig in der Mitte eingebrannt, dass gerade der neutestamentliche Erzähler und letzte Prophet in der Niedrigkeit auch noch *seines* Blickpunkts das Höchste nicht zu erkennen und auszusprechen vermag: Auf dem Thron sitzt ein Unaussprechlicher, der nicht, wie bei Jesaja, als „Herr" identifiziert werden kann. Indem die Bildkunst der christlichen Frühzeit aus dieser Vision den Bildtypus „Majestas Domini" mit dem thronenden Christus in der Mitte herausdestillierte und die vier huldigenden himmlischen Symbolgestalten als Evangelistensymbole deutete, verließ sie das sprachlos machende Mysterium tremendum et fascinosum und wechselte in das Genus der begrifflich fixierten Auslegung hinüber.

Der Sinnhorizont des biblischen Erzählens

Die Niedriggelegtheit des biblischen Erzählhorizonts gilt auch in Bezug auf die Sinndeutung des Geschehens, und erst recht im Blick auf den Sinnhorizont erweist sich die in Bezug auf die Zeitstruktur schon festgestellte weitgehende Überblicklosigkeit der biblischen Erzählinstanz als stilistisches Ausdrucksmoment eines Gottes- und Weltbilds und nicht etwa als Unfähigkeit, dogmatische Blickverengung[10] oder Archaik, wogegen ja schon die genau entgegengesetzte Erzählhaltung der Homerischen Epen spricht. Der olympian viewpoint des homerischen Erzählers ist der Ausdruck eines geschlossenen anthropozentrischen Bildes der Welt, in der Götter und Menschen beisammen wohnen und das Innere

[10] So bei Erich Auerbach: Mimesis. Bern (Francke) ²1959 (¹⁰2001). Kapitel 1: Die Narbe des Odysseus

des Menschen geheimnislos offen liegt, weil das Rätsel des Menschen noch nicht entdeckt ist. Umgekehrt das Alte Testament: Der Eingott Israels bricht von weit draußen in die Menschenwelt ein, und noch in seiner Nähe liegt Ferne; und auch die Menschen des Alten Testaments können unergründlich sein, so Jakob der Lügner, den Gott zum neuen Namen Israel begnadigt, und König David in seinem Verhältnis zu Saul. Ist nicht der Mensch so in sich verwinkelt, dass nur Gott ihn durchschaut? Fast durchgehend sind die Figuren der Bibel durch die biblische Erzählinstanz von außen gesehen, ohne eindringliche erzählerische Herleitung, Analyse und Verflechtung ihrer Motivationen, aber gerade dadurch strahlen sie einen Impuls aus, sich in sie zu vertiefen, ihren seelischen Vielschichtigkeiten und Widersprüchen nachzuspüren, auch sich identifikatorisch in sie einzuleben. Und immer wieder zwingen uns die alttestamentlichen Erzähler, mit ihnen und ihren Figuren in die Dunkelheit Gottes hineinzugehen, aus der um so tieferes Licht brechen kann: so in der Abraham-Isaak-Opferungsgeschichte, so in dem Kampf Jakobs am Jabbok mit dem unbekannten Gott, aus dem er als Gezeichneter und Gesegneter hervorgeht, so im Buch Hiob. Überall hier gibt es Offenbarung durch Verhüllung, Deutung durch Kommentarlosigkeit und Verstummen, Deutung schließlich durch kompositionelle Strukturen, die ihre eigene Deutungskraft entfalten, gerade, weil sie Explikation verweigern und nicht aus argumentativer oder psychologischer Kompetenz entspringen, sondern aus der Ausdruckskraft und der ganzen ergriffenen Existenz von Erzählern, die tiefer und auch widerspruchsoffener sein darf als ihr Bewusstsein.

Die höchstmögliche Steigerung dieser Erzählsituation findet sich im Neuen Testament, in den Evangelien. Die Evangelisten sind in das Erzählte elementar verstrickt, denn indem es in der Geschichte Jesu Christi um die Erlösung der Menschheit geht, geht es auch um *ihre* Erlösung. Schon in der Erzählung von Auftritt und Wirkung ist und bleibt Christus eine von Geheimnis und Hoheit umflossene Gestalt von großer Unvorhersehbarkeit in ihren Handlungen und Verhaltensweisen, etwa den abrupten Wechseln zwischen Rückhaltlosigkeit der Hingabe und zwischenzeitlichem Entzug in die Einsamkeit. Und nicht nur Jesus, sondern auch die Jünger sind voller Abgrund – allen voran Petrus und auf der anderen Seite Judas. Auch in sie dringt der erzählerische Blick nicht ein. Und auch bei der Schilderung der Jünger entsteht zuweilen gerade durch Aussparung eine große atmosphärische und seelische Dichte – so in der Darstellung der schlafenden Jünger in Gethsemane (Mk 14,32–42 par), so etwa in der Vergegenwärtigung der Jüngerrunde beim Passahmahl mit der nach Jesu Verratsankündigung den Tisch umlaufenden Frage: „Herr, bin ich's?" (Mk 14,19 par) Der Mensch – und auch der Erzähler ist ja ein Mensch – kann nur verstummen angesichts der vordem doch durch Jesus berufenen und ‚erweckten', jetzt aber scheinbar teilnahmslosen Schläfer in ihrer wie Blei lastenden Erschöpfung, Depression und Realitätsverweigerung, die zu einem stillen und sprachlosen Verrat ihres einsamen Herrn zusammenfließen. Das sind die, die bis auf Johannes unterm Kreuz nicht zu finden sein werden, und auch der schläft jetzt. Und die Frage: „Herr, bin ich's?" Jeder will versichert bekommen, dass er der Verräter nicht ist, und jeder braucht die Versicherung, weil er seiner unsicher ist. Mit scheinheiliger Empörung wird der innere Abgrund verdeckt. Schließlich Judas. Der Judaskuss, die Liebesbezeugung als verabredetes Zeichen des Verrats – Jesus beantwortet ihn bei Matthäus mit der Anrede: „Mein Freund, dazu bist du gekommen?" (26,50) Keine größere Darstellungsmacht wäre denkbar als die Deutungsverweigerung angesichts dieser letzten Begegnung, die fast unendliche Deutungsmöglichkeiten aus sich entlässt. Wieder – die Knechtsgestalt der Offenbarung durch den Evangelisten ist auch eine Vollendungsgestalt.

Zu diesem Ergebnis gehört allerdings das eminente Verfahren der Evangelistenerzählungen, anstelle von Erzählerdeutungen und Kommentaren dem Erzählfluss Reden, Erzählungen und Predigten Jesu selbst einzufügen. Sie bleiben zwar durch ihre Einbettung in den Erzählzusammenhang in der Verfügung des Erzählers, reichen aber zugleich weit über ihn hinaus und machen ihn quasi selbst zum Mithörer und Mitempfänger der Botschaft. Nicht die Erzählinstanz legt Jesus aus; Jesus legt sich aus, indem er vom Menschensohn und der Gottesherrschaft predigt und in der Bergpredigt die Mosaischen Gesetze radikalisiert und die Seligpreisung derer ausspricht, die sich der Gnade und dem Glauben ausliefern und die Liebe leben, weil sie sich als gottgeliebt erfahren. Die Deutungskargheit der Erzählpartien in Relation zur Fülle der Jesusäußerungen in direkter Rede nimmt nicht das Erzählerische ins Beiläufige zurück; dagegen spricht schon die bereits aufgewiesene Strenge und Kraft der szenischen Komposition. Die Kargheit der Erzählerrede korrespondiert vielmehr dem Reichtum der Jesusreden, der sich gerade in Jerusalem noch einmal ins Vermächtnishafte steigert – so etwa im Hohepriesterlichen Gebet bei Johannes für die Jünger (Joh 17).

Das Gethsemane-Gebet: die Durchbrechung der herrschenden Erzählhaltung

Dazu tritt die darstellerisch einzigartige Episode des Gethsemane-Gebets, einzigartig deshalb, weil sie Jesus aus nächster Nähe im innigsten und zugleich einsamsten Gebetsringen mit dem Vater ins Auge fasst, und das unmittelbar vor Beginn der Passion: „Mein Vater, ist's möglich, so gehe dieser Kelch an mir vorüber; doch nicht wie ich will, sondern wie du willst." (Mt 26,39, vgl. Mk 14,36; Lk 22,42). Die Episode ist – literarisch gesprochen – der einzige in den Erzähltext der Evangelien eingeflochtene Monolog Jesu, der die klassische Leistung des literarischen Monologs vollbringt: Er führt in direkter Rede die entscheidende Wende Christi vom Zurückschaudern vor dem Leid, das nun in nächster Nähe vor ihm steht, zur Bejahung des väterlichen Gotteswillens vor, der in Qual und Tod führt. Es ist die Schlüsselstelle, die alle früheren Leidensankündigungen gegenüber den Jüngern zusammenfasst und noch einmal ausdrücklich als Gotteswillen interpretiert und zugleich vorweist auf den Todesschrei am Kreuz, der das letzte Gebet Christi ist, nun aber zu einem schweigenden Gott, der nur als abwesend anwesend gedacht werden kann. Dagegen lässt das Gethsemane-Gebet im Schweigen Gottes eine stille Nähe und Intimität spüren. Kein Schrei, ein innerer Monolog als leise Zwiesprache unterwegs vom Schauder zur Einstimmung. Es ist die Entscheidung zum Gehorsam. Diese Gebetsworte Jesu sind notwendig, um die Freiwilligkeit seines Opfertodes definitiv sicherzustellen gegen das alttestamentliche Interpretationsmuster vom geschlachteten Opfertier. Das bevorstehende Opfer wird – siehe das Johannesevangelium – der sich darbringende Opferpriester selbst sein, damit der grundlegende Umsturz aller bisherigen die Religionen durchziehenden Opfervorstellungen, die von einem Opfer einfordernden Gott ausgehen. Und schließlich schlägt Christi Wort in diesem Gebet vom Kelch den Bogen zurück zum letzten Abendmahl, wo Jesus kurz zuvor den Jüngern den Kelch als Blut des neuen Bundes in Abhebung vom alten Mosaischen Bund gereicht hat. Dieser Gethsemane-Monolog durchbricht einzigartig die Erzählhaltung der Evangelien, weil er die Erzählerinstanz so nahe an Jesus Christus im intimsten Gebet herankommen lässt, wie es nirgends noch einmal geschieht; und doch bleibt auch hier das Prinzip erhalten, dass der Erzähler zwar aus nächster Nähe hört und der Entscheidung beiwohnt, das aufschließende Wort aber Wort Jesu bleibt. Es ist das letzte weitestreichende Deutungswort, ehe Jesus sich seinen Mördern ausliefert. Die Durchbrechung der Erzählhaltung markiert kompositorisch die Selbstauslieferung des Gottessohns an die Menschen, die zum Ziel kommt in der Selbstauslieferung an die Knechtsgestalt der Menschenerzählung von der Passion. Es ist, als öffnete sich momenthaft ein Blick auf das Innenverhältnis von Vater und Sohn bei dem Schrecklichen, was bevorsteht. Und ehe die Erzählung vor Fassungslosigkeit nur noch protokollieren kann.

Die Leidensgeschichte – das Erzählen des Unsäglichen

Die Leidensgeschichte erzählt das tiefste Rätsel des Glaubens: Angesichts der Zerrissenheit der Welt im Menschen lässt Gott selbst den zerreißenden Schmerz in sich ein und sieht als Vater zu, wie der Sohn alle Sünden, alles Leid und alle Selbstverfehlung der Menschen auf sich nimmt und sterbend zum Vater hinüberträgt, um sie in der Fülle, Einheit und Ganzheit der göttlichen Liebe untergehen zu lassen. Gott handelt in Leiden und Tod Christi mit sich selbst, indem er die Gottlosigkeit des Menschen auf seinen Heilsbringer, den lieben Sohn, an dem er Wohlgefallen hat, einstürmen lässt, damit gerade dadurch das Heilswerk am Menschen vollendet wird. Dieses Geheimnis Gottes kann von den Evangelisten nur deutungslos erzählt werden. Wie schon gesagt: Sie wissen zwar, von der Passion erzählend, was bis Ostern geschehen ist, sie schreiben aus Kenntnis der Abläufe und der Predigt Jesu und seiner Worte; sie strukturieren und gliedern ihre Stoffmasse mit höchster Wirkungskraft, aber sie können sie als Gesamtzusammenhang nicht verstehend darstellen. Sie schreiben, wie der Beter im apokryphen Gebet Manasses, des Königs von Juda (Manasse 11; Bußpsalm zu 2 Chron 33,12f.18), auf den Knien ihres Herzens. Und gerade die Teilhabe der Erzähler an der Sinnverfinsterung der Kreuzigung ist wiederum die Weise, die Leser und Hörer der Botschaft bis zum Äußersten in diese Verfinsterung mit hineinzunehmen und sie gerade so zu einem Mitvollzug zu bringen.

Mit Beginn der Passion beginnt Christi Verkündigungsrede zu verstummen, so dass die wichtigste bisherige Verständnishilfe, seine Selbstaussagen, gerade beim entscheidenden Geschehen ausfällt. Nur vereinzelte Herrenworte fahren wie Blitze in die Düsternis der Ereignisse. Das Schweigen Christi bei der Kreuzigung wird bei Matthäus und Markus nur noch einmal unterbrochen: mit dem Psalmzitat, in dem individuell formulierte Rede vergeht: „Mein Gott, mein Gott, warum hast du mich verlassen?“ (Mt 27,46; Mk 15,34), und dem Todesschrei (Mt 27,50; Mk 15,37). Weithin breitet sich quälend ausführlich nichts als schrecklichstes und in seiner Schrecklichkeit unerläutertes Geschehen aus, das den Leser oder Hörer suggestiv und ausweglos mitnimmt. Statt eines antwortenden Gottes und statt des Erzählers sprechen zuletzt nur noch die Ereignisse und ein sachlich und menschlich Fernststehender, der Hauptmann des römischen Hinrichtungskommandos (Mk 15,39 par), ein Besatzer aus einer fremden Welt und Kultur. Der Vorhang im Tempel zerreißt – als bildliches Urteil über Tat und Täter (das Zerreißen des Gewands durch den Richter ist das Todesurteil über den Gotteslästerer), das zugleich gegenläufig als kryptisches Zeichen eines neuen heilsgeschichtlichen Äons gelesen werden kann, in dem in Christus das Allerheiligste Gottes nicht mehr verhüllt im Tempel Israels, sondern offen vor aller Augen steht. Im Erdbeben reden die Steine, wo die Menschen verstummen, und stehen die Toten auf. Nur noch die Steine reden in einer sonst so geschwätzigen Welt (vgl. Lk 19,40). Alle Worte der Welt werden nichtig, wo sogar die Steine reden.

Die niederschmetternde fast deutungslose Faktizität der Kreuzigung in der Erzählung des Matthäus und des Markus mit dem zuletzt schreienden Jesus wirkt dadurch noch stärker, dass auch der lebende und lehrende und auf seinen Tod vorweisende Jesus vor der Passion zwar auf Messianität, Gottessohnschaft, Tod und Auferstehung hindeutet, aber nur als sogar den Jüngern im

Tieferen unverständliche noch ausstehende Tatsachen. Ihre Nennung evoziert nichts von der grellen Gegenwart, welche später die Ereignisse im epischen Präteritum des Erzählers gewinnen. Alles in allem entsteht so biblisch eine Passionserzählung, die wie ein Fels aus dem Leben und der Lehre Jesu herausragt. Denn diese ist zwar eschatologisch und damit messianisch ausgerichtet und streut Verkündigungsfunken vom Sterben und Auferstehen des Messias und Gottessohns aus. Aber zentral ist sie eine radikale Liebesbotschaft, und Christi Sohnesanspruch äußert sich zunächst allein darin, dass er diese Botschaft auf den liebenden himmlischen Vater durchsichtig macht. In Christus ist Gott; in ihm ist das Himmelreich nahe herbeigekommen. Aber in welcher Art und Weise die Nähe Gottes zum Menschen in ihm sich vollenden wird, ist nicht gesagt. Nichts von Opfertod, Auferstehung und Erlösung findet sich in der Bergpredigt und im Vaterunser! Auch wenn die härtesten Feststellungen von der Ausblickslosigkeit der Passionserzählungen nur auf Matthäus und Markus zutreffen – davon später – gilt doch für alle Evangelien: Sie erzählen zwar den Überstieg von Leiden und Tod zu Auferstehung und Verklärung Christi, aber die entscheidende innere Achsdrehung der Evangelienberichte bleibt unausgesprochen jenseits aller vier Darstellungen, denn sie bleibt hinter dem Rücken des Bewusstseins des Personals und der Erzähler, eingesenkt in die Tiefenstruktur des Erzählten: Vollzöge sich im erzählten Geschehen nicht immanent *der Schwenk vom verstummten Verkündiger der Gottesherrschaft zum verkündigten Gottesherrscher*, wäre das Evangelium keines; Passion, Auferstehung, Selbstbezeugung und Aussendung der Jünger zu allen Völkern im eschatologischen Licht fielen auseinander und hätten nichts miteinander zu tun. Die Eintrittstelle des Sehnervs in das Auge bildet den blinden Fleck, ohne den es doch kein Sehen gäbe. So ist dieser Subtext der Ermöglichungsgrund der Geschichte. Erst dergestalt ist der in Knechtsgestalt am Verbrecherkreuz Hingerichtete nicht irgendeiner der vielen Messiasprätendenten Israels, sondern der siegreiche König und Weltengott auf dem Thron.

Die Vierzahl der Evangelien

So ist es, wenn sich Gott dem menschlichen Erzählen überantwortet bis zur Knechtsgestalt des neutestamentlichen Passionsberichts. Wer selbst spricht, äußert sich, stellt sich dar. Wer von sich erzählen lässt, liefert sich aus, umso mehr, je weiter die Erzählinstanz hinter ihm zurückbleibt. Dass das Neue Testament vier Erzählungen der gleichen Geschichte, des Wirkens, Leidens und der Vollendung Jesu, nebeneinander stellt, dass also vier Autoren, zum Teil in Kenntnis voneinander, das Bedürfnis haben, die in den Grundlinien immer gleiche Geschichte wieder und wieder zu erzählen und dass die Endredaktion des Neuen Testaments alle diese vier Evangelien aufnimmt, zeigt ein Bewusstsein davon, dass immer noch und immer wieder nicht alles gesagt ist, was zu sagen ist, weil es unsagbar ist. Tatsächlich hat es ja im frühen Christentum das Bedürfnis gegeben, die Evangelien in einer Evangelienharmonie zusammenzufassen (abgesehen von späteren Synopsen zu wissenschaftlichen Zwecken), aber durchgesetzt hat sich das Nebeneinander verwandt-unterschiedener Texte. Warum? Weil die Zusammenfassung auf eine Glättung und damit Verharmlosung des Textes hinausliefe, eben auf eine Evangelien*harmonie*. Damit auf eine Entschärfung der Gestalt Jesu Christi. Keiner der Evangelisten kann sie ganz ausloten, aber die Abweichungen voneinander ergeben eine prismatische Brechung des blendenden Lichtstrahls, der von dieser Gestalt ausgeht, die ihr erst ihre volle Tiefe und Rätselhaftigkeit gibt. Ich weise nur – im Rückblick auf die Matthäus-Passion – darauf hin, dass die Passionsschilderung bei Lukas und Johannes eine andere Leidensgestalt des Gekreuzigten hervorruft als Matthäus und Markus. Matthäus und Markus fallen erzählend in die tiefste

Vereinsamung Jesu mit hinein, der sich vom Vater verlassen fühlt und dennoch im Zitat der liturgischen Form des Klagepsalms noch den abwesenden Gott als anwesenden anbetet. Lukas und Johannes hingegen berichten von Souveränitätsäußerungen des am Kreuz Vergehenden. Bei Lukas ist es das Gebet um Vergebung für die blinden Akteure der Kreuzigung und die Heilszusage für den reuigen Schächer sowie die Selbstübergabe im Tod an den Vater. Im Johannesevangelium ist es die Einsetzung des Jüngers Johannes als Sohn der Mutter Maria und der gleichsam schon aus der Distanz des Todes gesprochene, der Passion sich geistig gegenüberstellende Satz: „Es ist vollbracht" (Joh 19,30).

Die Leidensäußerungen bei Matthäus und Markus verlören ihre Radikalität, würden sie mit den Hoheitsäußerungen bei Lukas und Johannes in *einer Erzählung* vereinigt. Gerade die Kantigkeit des Aufeinanderpralls der vier Evangelien gibt der Passions- und Todesgestalt Jesu die äußerste Eindringlichkeit, die Menschenaussagen erreichen können. Könnte denn ein Christus, der sich unerschütterlich auf dem messianischen Erfüllungsweg durch den Tod zum himmlischen Vater weiß, seine Verlassenheit vom Vater als völligen Zusammenbruch erleben und hinausschreien? Christi Sendung führt durch das Vergessen seiner Sendung hindurch, führt durch das Vergessen aller seiner Vorhersagen, auch Sinnaussagen des eigenen Geschicks hindurch. Zwei der Evangelisten, so vieles sie nicht wissen und erkennen, erkennen das und markieren so den äußersten Punkt der Passion in Jesu vergeblicher Anrufung Gottes am Kreuz. Gott setzt sich der Erfahrung der Gottferne aus. Gott stirbt; Gott ist tot. Zwei der Evangelien lassen vor der Erhabenheit des leidenden und sterbenden Messias die Funktionäre der Kreuzigung zur Armseligkeit verblassen. So gehören der untergründige Triumphalismus bei Lukas und

Johannes und die Abgründigkeit der Trauer bei Matthäus und Markus zusammen.[11]

Damit erweist sich auch in den Evangelien, was anlässlich der Sinai-Erzählung festzustellen war: Wie der Gott des Sinai-Bundes die Sündhaftigkeit und Hinfälligkeit Israels einsetzt, um seinem Verkündigungswerk die äußerste Eindringlichkeit zu geben, wie Gott in der Leidensgeschichte Jesu die ganze Bösartigkeit und dummschlaue Stupidität des Menschen loslässt, um sein Handeln mit sich selbst, das Erlösungswerk von Vater und Sohn herbeizuführen und zu vollenden, so gibt auch die Gebrechlichkeit menschlichen Erzählens von Gott Raum und Anstoß, alle Kräfte des Hörers und Lesers zu entfesseln. Gerade auch die ‚Unzulänglichkeiten' des Texts (das nämlich, was er nicht erlangen kann), seine Lücken, sein Verstummen vor der Ungeheuerlichkeit des zu Sagenden ziehen ihn in die Erzählung hinein. Wäre der Text insgemein ‚zulänglich', ergriffe letzte Ergebnisse und legte sie in unsere Hand, die Sehnsucht des Lesers fiele in sich zusammen.

III Jesus als erzählter Erzähler: Das Gleichnis vom Sämann

Warum redet Jesus in Gleichnissen?

Wie steht es nun aber mit den direkten Reden Christi im Kontext der Evangelien, haben sie Anteil an der biblischen Offenbarungsweise in Knechtsgestalt? Für seine Verkündigungsreden ist das indirekt schon darin gesagt, dass sie trotz ihrer Vorblicke und

[11] Die Konfiguration der vier Evangelien lässt sich von fern dem Kompositionsprinzip etwa von Akira Kurosowas Filmklassiker „Rashomon" von 1950 vergleichen, wo dieselbe Geschichte nebeneinander aus den verschiedenen Wahrnehmungsperspektiven der Beteiligten erzählt wird. Dieses Nebeneinander der Geschichten *ist* die im Film erzählte Geschichte

Selbstdeutungen das Geheimnis von Kreuz und Auferstehung nicht entfalten. Auch der Gottessohn kann vor Ostern den Vorhang vom Ostergeheimnis nicht wegziehen, dessen Mitte er ist. Er eröffnet es, indem er es durchlebt; es muss vollzogen werden, damit es gänzlich offenbar werden kann. Er wird sein in ihm liegendes Vorwissen freiwillig Buchstaben für Buchstaben mit seinem Leiden und Sterben entziffern, Schritt für Schritt selbstbestimmt den Weg unter die Füße nehmen, weil er nicht auf einer Schiene der göttlichen Vorherbestimmung entlang fährt. Das Ostergeheimnis geht auf, indem in der Auferstehung leuchtend und stumm und mächtig aus dem Verkündiger des Gottesreichs der Verkündigte heraustritt. Auch Jesu letztes Wort als Sterbender im Johannesevangelium: „Es ist vollbracht" spricht nur das Vollbringen aus, nicht das Vollbrachte. Passion und Tod wären um ihr Äußerstes – Schweigen und Tod Gottes – gebracht, wenn sie ihre Deutung durch Christus bei sich führten, und das ist sogar das stärkste Beispiel dafür, dass die Gottesoffenbarung in Knechtsgestalt noch die Verhüllung zum Offenbarungsmoment macht und deren Vollendung ist.

Anders stellt sich die Frage für die vielen Jesus-charakteristischen Gleichniserzählungen, die eine wesentliche Komplexitätssteigerung zwischen Altem und Neuem Testament ausmachen, insofern sie immer wieder Geschichten innerhalb der Geschichte erzählen, die zwar als Verkündigung der Situation eingebettet sind, jedoch ihr zugleich als imaginative Sprachgebilde gegenübertreten. Jesus erscheint hier als erzählter Geschichtenerzähler, und darin liegt schon das erste Moment seiner Teilhabe am Gesamtbefund des Offenbarungsmodus der Knechtsgestalt: Jesus hat als Erzähler daran Anteil durch sein Auftreten im übergreifenden Erzählzusammenhang der Evangelien, also präsentiert und positioniert durch eine menschliche Erzählinstanz. Das zweite Moment der Teilhabe ist die Wahl überwiegend alltäglicher Spielräume aus dem Vorstellungskreis der Zuhörer und das dritte die häufige – zumindest scheinbare – Simplizität und Alltäglichkeit der gleichnishaft dargebotenen Vorgänge. So etwa das Gleichnis vom Sämann, das bei den drei Synoptikern sehr ähnlich überliefert ist (Mt 13,1–9; Mk 4,1–9; Lk 8,4–8). Auf den ersten Blick ist die Geschichte vom Sämann, dessen Aussaat teils auf den Weg, teils auf den Felsengrund, teils in die Dornen, teils in gute Erde fällt, wo es vielfach Frucht trägt, nicht erläuterungsbedürftig. Zugleich ist sie ein zentrales Gleichnis, weil sie ja selbstreflexiv von Jesu Verkündigungstätigkeit und damit indirekt zugleich vom Verkündigungsauftrag der Jesusjünger handelt, also auch ein Gleichnis über das Gleichniserzählen ist. Umso überraschender ist es, dass die Jünger Jesus nach der Bedeutung dieses Gleichnisses und überhaupt dem Grund für Jesu Reden in Gleichnissen fragen, und bei Markus spürt man auch einen gewissen Unwillen Jesu über diese Begriffsstutzigkeit: „Versteht ihr dies Gleichnis nicht, wie wollt ihr dann die andern alle verstehen?“ (Mk 4,13) Trotzdem lässt Jesus bei allen drei Evangelisten den Jüngern eine ausführliche Exegese zuteil werden – nämlich im Hinblick auf die Hörer des Verkündigungswortes. Es wird nur dann Glaubensfrucht in ihnen werden, wenn sie es zur Reife bringen. Dann aber wird sie weit aufwiegen, was an Aussaat auf schlechtem Boden verloren gegangen ist.

Auch über den Grund für sein Gleichniserzählen äußert sich Christus ähnlich bei allen drei Evangelisten, die das Gleichnis vom Sämann berichten, und zwar bei allen dreien unter Anführung des gleichen Jesajazitats (6,9f), das die Antwort noch rätselhafter macht, als sie von vornherein ist. Am ausführlichsten ist Matthäus (13,11ff): „Euch [den Jüngern] ist’s gegeben, die Geheimnisse des Himmelreichs zu verstehen, diesen [Mk 4,11 verdeutlicht: „denen da draußen“] aber ist’s nicht gegeben. Denn wer da hat, dem wird gegeben, dass er die Fülle habe; wer aber nicht hat, dem wird auch das genommen, was er hat. Darum rede ich zu ihnen in Gleichnissen.“ Nicht für die Jünger, sondern für die anderen Umstehenden scheinen hier die Gleichnisse bestimmt; und nicht um sie von der Botschaft zu überzeugen, sondern um sie ihnen zu verschließen. Zur Bekräftigung folgt in der Jesusrede ein Wort aus dem Auftrag Gottes an den neu berufenen Propheten Jesaja: Er soll einem Volk, das für Gott blind und taub ist, predigen mit dem Ziel, ihr Herz noch weiter zu verstocken, damit sie mit sehenden Augen sehen und doch nicht erkennen, und mit hörenden Ohren hören und doch nicht verstehen. Gott bestimmt also bei Jesaja die Predigt des Propheten zu dem Negativzweck, nicht etwa gehört und verstanden zu werden, sondern auf Nichtverständnis zu stoßen und damit die Verstockung des abtrünnigen, weghörenden Gottesvolks zu vertiefen. Das von Gott verhängte Unverständnis ist bereits ein Teil des Strafgerichts über ein abgefallenes Volk.

Schon indem Jesus dieses Wort auf die Funktion der Gleichnisse eingrenzt, mildert er es ab, noch mehr dadurch, dass er den Jüngern die Gleichnisse auslegt und ihnen dadurch die Augen und Ohren öffnet für diese Form der Erzählung, wieder mit einem alttestamentlichen Zitat, aus dem 78. Psalm: „Ich will meinen Mund auftun in Gleichnissen, und will aussprechen, was verborgen war von Anfang der Welt an" (Mt 13,35). Damit ist klar: Die Gleichnisse sind nicht etwa popularisierende Verständigungshilfen für die Breitenwirkung der Botschaft. Sie sind aber auch nicht einfach Verständnisblockaden. Sie sind vielmehr Stolpersteine, hoch komplexe Gebilde mit einem großen Potential an Strahlkraft und Hintergründigkeit, versteckt an der Oberfläche. Und sie sind auch nicht, wie die Strafpredigt des Jesaja, zur Verstörung des abtrünnigen Volks bestimmt, sondern zur Unterscheidung. Nämlich zwischen solchen wenig oder gar nicht engagierten Umstehenden, denen sie die Ohren verschließen sollen, und solchen, die hörend in sie eindringen möchten und deshalb der helfenden Deutung durch Jesus gewürdigt werden, wobei man sich den weiteren Jüngerkreis vorstellen kann.

Es dürften solche sein, die nicht nur flüchtig bei dem Erzähler stehen geblieben sind, sondern in der Hoffnung auf Aufschluss ein Stück Wegs gefolgt sind. Bei Markus werden sie bestimmt als die, „die um ihn waren, samt den Zwölfen“ (Mk 4,10). Unterscheidung des Bodens für die Saat ist ja auch ein Kernpunkt des Gleichnisses vom Sämann. Unterscheidung aber löst das Kollektiv des Gottesvolks in einzelne Hörer des Gleichnisses auf. Jesus vollzieht mit der Umfunktionierung des Jesaja-Zitats in aller Unscheinbarkeit den Schritt vom Alten zum Neuen Testament: vom auserwählten Volk, das als Naturordnung von Gott geheiligt ist, zur Geistordnung der Berufenen. Er versammelt um sich eine aus Einzelnen zustande kommende Gemeinde, so wie er die Jünger als Einzelne beruft, die ihm als ihrem Rabbi folgen. In diesem Sinne heißt es auch im Schlusswort zur Kette der Gleichnisreden bei Markus (4,33f): „Und durch viele solche Gleichnisse sagte er ihnen [den Jüngern] das Wort so, wie sie es zu hören vermochten. Und ohne Gleichnisse redete er nicht zu ihnen; aber wenn sie allein waren, legte er seinen Jüngern alles aus.“

Das erzählte Gleichnis – der Erzählakt im Kontext – das erzählte Erzählen

Schon hier bestätigt sich die maßgebliche Bedeutung der erzählerischen Kontexte der Gleichniserzählungen bei den Evangelisten. Die Sehnsucht nach Durchdringung der Gleichnis-Geheimnisse ist geradezu Auserwählungskriterium. Tatsächlich steht bei Matthäus eine der härtesten und befremdlichsten Ausschließungsreden Jesu direkt vor dem Gleichnis vom Sämann. Es ist Jesu Rede angesichts der Mutter und der Geschwister, die offensichtlich während einer seiner Predigten hinzugekommen sind und mit ihm reden wollen, aber bescheiden außerhalb des Hörerkreises stehen bleiben. Wieder treffen wir auf die Unterscheidung zwischen denen drinnen und denen draußen, in diesem Fall seiner natürlichen Familie, die in Israel ja zugleich, wie das Volk, eine heilige Gottesordnung ist. Jesus geht scheinbar so weit, diese in Israel doch heilige natürliche Familienordnung zu verleugnen zugunsten seiner neuen Familie im Geist, der auserwählten, Frucht verheißenden Hörer des Worts, die um ihn versammelt sind. „Siehe, das ist meine Mutter und das sind meine Brüder! Denn wer den Willen tut meines Vaters im Himmel, der ist mir Bruder und Schwester und Mutter." (Mt 12,49f). Die Zuspitzung treibt die versteckte Pointe erst richtig heraus. Christus weist hier Mutter und Geschwister nicht als Mutter und Geschwister zurück[12] – vielmehr als solche, die, statt auf seine Verkündigung in voller Hingabe sich einzulassen, „privat" etwas von ihm wollen und damit stören. Derweise sind sie jetzt nicht unter den Auserwählten. Diese sind die rückhaltlos Hörenden und Empfangenden – eben die Hörer, hier und jetzt.

Die Auserwählungsthematik vertieft sich, wenn man den Kontext des Sämanngleichnisses noch einmal weiter fasst: Einige Kapitel vor der Ausschließungsrede gegen Mutter und Geschwister im Matthäusevangelium hat sich Jesus mit dem Zöllner Matthäus zu Tische gesetzt, in der Gesellschaft von vielen anderen „Zöllnern und Sündern", und dazu die Rechtfertigung gegeben: „Die Starken bedürfen des Arztes nicht, sondern die Kranken. [...] Ich bin gekommen, die Sünder zu rufen und nicht die Gerechten." (Mt 9,12f) Das scheint eine völlige andre Sicht des Problems zu sein. Sind etwa die Sünder die Auserwählten und nicht die Gerechten? Und warum? Die Sünder sind die Kranken, die sich nach dem Arzt ausstrecken, während die Gesunden unbedürftig in ihrer Gesundheit ruhen. In ihrem Krankheitsbewusstsein und ihrem Verlangen nach dem Arzt wollen und können die Kranken

12 Obwohl die Auflösung der im Judentum geheiligten Naturordnungen, also auch der Familie, zugunsten der neuen Gemeinde der Heiligen aus dem Geist bei Jesus radikale Züge annehmen kann und immer auch einen provokatorischen Zug besitzt.

von ihm geheilt werden, was die nach ihrem Selbstverständnis Gesunden nicht nötig hätten, wäre nicht gerade ihre vermeintliche Unbedürftigkeit ihre Krankheit, und zwar die schwerere, weil unerkannte. Jedenfalls erlebt der Zöllner Matthäus durch den Besuch Christi einen Anruf, der ihn nach altchristlicher Überlieferung zum späteren Evangelisten Matthäus macht. Hier zeigen sich eine Dynamik und ein auf den Einzelnen gerichteter Entscheidungsappell des Auserwählungsthemas, die auch im Gleichnis vom Sämann stecken, dort aber auf der Bildebene und im epischen Präteritum der Erzählung keinen Platz finden. Was guter und schlechter Boden ist, das ist im Gleichnis eine Gegebenheit, die über das weitere Schicksal der Saat entscheidet: ob die Saat auf den Weg fällt und zum Vogelfutter wird, ob sie auf felsigem Boden verwelkt, ob sie im Dornengestrüpp erstickt, ob sie im fruchtbaren Ackerland vielfache Frucht trägt. Dieser Selbstläufigkeit des Wachstumsgeschehens auf der Bildebene des Gleichnisses entspricht die Zeitform der Erzählung: Die Aussaat liegt zurück, die Ernte hat stattgefunden, das Ergebnis der Ernte liegt vor Augen.

Aber Jesu Auslegung für die Jünger, auf den ersten Blick nur eine Paraphrase, dynamisiert bei den Synoptikern das Gleichnis und verlässt dabei die Bildebene: Die Aussaat ist die Verkündigung des Reiches, der Hörer ist der Boden, auf den die Saat fällt. Es geschieht etwas, das nicht einfach Konsequenz der Bodenbeschaffenheit, also der Vorgegebenheiten ist. Der Böse kann kommen, die Sorge, die Verlockung des Reichtums. Der Hörer verhält sich aktiv zum empfangenen Wort. Er versteht oder nicht. Er bringt Frucht oder nicht, sie wächst nicht einfach aus sich selbst aus ihm hervor. Und: die Auslegung versetzt das Geschehen in die Gegenwart. *Jetzt* geschieht alles. Damit öffnet sich rückwirkend von der Auslegung her der Blick tiefer für die Gleichnisgeschichte selbst: Wenn das Aussäen der Saat die Predigt vom Wort ist, dann gewinnt die Zeitebene des Gleichnisses einen doppelten

Boden: Was als vergangene Geschichte erzählt wird, geschieht tatsächlich eben im Erzählen der Geschichte; jetzt ist die Aussaat, jetzt gilt es zu hören, jetzt beginnt, was später in der Ernte, die biblisch immer wieder für das Endgericht steht, ans Licht treten wird. Der Sprung zwischen erzählter Zeit und Erzählzeit, das Fehlen der Entscheidungsdynamik im Bild vom gegeben daliegenden Ackerboden, auf dem gesät und geerntet wurde, ist kein Betriebsunfall des Erzählers. Es erzeugt genau den Schock zwischen: ‚Es war einmal' und ‚tua res agitur', der in der Gleichniserzählung selbst fehlt, weil er im Hörer der Gleichniserzählung entstehen soll als Anstoß zu einer Einsicht. Dieser Anstoß ist eindringlich am Ende des Gleichnisses formuliert in der biblischen Formelrede:„Wer Ohren hat zu hören, der höre." (Mt 13,9) Das ist in dieser Härte aber nicht nur der Anstoß zu einer Einsicht, sondern darüber hinaus zu einer Entscheidung. Sogar die Zöllner und Sünder können der gute Boden werden, von dem das Gleichnis spricht, und entsprechend können die Frommen in der Selbstgenügsamkeit ihrer Frömmigkeit zum steinigen Grund verhärten. Der Unbetroffene, der Flüchtige, der Oberflächliche, der Ablenkbare, der Erlahmende, der Nachhaltige im Publikum des Gleichniserzählers, von ihnen allen war eben im Gleichnis die Rede. – Und nun, du da unter den Hörern, mach dich auf den Weg!

Mit dem Übersprung der Wortaussaat des Sämanngleichnisses ins Hier und Jetzt des Erzählvorgangs, der die Ernte in eine offene Zukunft hinausrückt, deren Grund doch jetzt gelegt wird, erschließt sich aber noch eine weitere Bedeutungsdimension des Gleichnisses: Ehe dereinst die Ernte stattfinden wird, ist noch nichts endgültig. Es ist ja eben erst ausgesät. Erst bei der Ernte wird definitiv offenbar werden, wer guter oder schlechter Boden gewesen ist. Unterwegs kann, soll und muss noch viel geschehen. Jetzt muss sich der Hörer entscheiden, am Ende wird Gott entscheiden. Und wer weiß, ob dann nicht jeder sich als guter und zugleich schlechter Boden erweisen wird – gleichzeitig gesund und krank, hörend und zugleich incurvatus in se? Wenn wir auch hier und jetzt hören, werden wir nicht ein andermal mit verschlossenen Ohren herumlaufen, wird der Ruf nicht vielleicht nur ein fernes Echo sein, überlagert von Nahgeräuschen? Auch auf diese Frage bietet das Gleichnis eine Antwort: Der Sämann sät auf Hoffnung und muss auf Hoffnung säen. Jeder Bauer, auch im alten Palästina, weiß das. Insofern das Sämanngleichnis ein Gleichnis von der Aussaat des Worts vom Reich ist, ist es als Gleichnis für die Säleute des Worts ein Wort der Ermutigung. Aber es ist auch ein Wort der Ermutigung für die Hörer des Worts, die Empfänger der Saat: Auch sie sind auf Hoffnung Empfänger des Worts – einer großen Gnadenhoffnung auf den Herrn der Ernte, einer kleinen Hoffnung auf uns hier und jetzt unter dem Wort: dass auch wir Frucht bringen mögen, wenn nicht hundertfach, so sechzigfach oder dreißigfach (Mt 13,8). Hier und jetzt empfangen wir das Wort vom Reich als Hoffnung. Hier und jetzt ist uns mit dem Wort vom Reich eine Orientierung gegeben, in der das Ziel schon da ist, zu dem wir uns auf den Weg machen. Wohin wir wachsen wollen. Und damit entspricht das Sämanngleichnis genau der Heilssituation, in die uns Christus mit seinem Auftritt in der Geschichte für alle geschichtliche Zeit stellt, denn in ihm ist verborgen schon da, was erst noch für uns und mit uns kommen muss.

Die Ausschließungsrede als Einschließungsrede

Wenn nun aber erst Jesu Auslegung für die Jüngergemeinde den Prozess- und Entscheidungscharakter des Gleichnisses vom Sämann erschließt, ist damit die Auserwählungsthematik, die gerade zurückgetreten zu sein schien, nicht in aller Härte wieder da? Was hilft es denen, die keine Auslegung erfahren, dass im Gleichnis ein Entscheidungsappell angelegt ist, der an ihnen vorbei geht, nicht für sie bestimmt ist? Sehen wir näher zu: Die Prophetie Jesajas, auf die sich Jesus mit seinem Ausschließungszitat beruft, beginnt zwar mit einer scheinbar gnadenlosen Gerichtsrede, wie ja überhaupt Jesaja weithin Gerichtsprophet ist, aber am Ende des Buches Jesaja steht denn doch der überschwengliche Gnadenerweis Gottes[13], stehen Rettung und heilsgeschichtliche Vollendung des zunächst verblendeten und verstockten Gottesvolks. Schon die Verstockung gegen die Offenbarung kann vorbereitend zur Reifung für die Offenbarung gehören, so wie Hiob reif wird für sie durch sein verzweifeltes Schmerz- und Wutgeschrei gegen Gott. Bereits die Gerichtsrede ist untergründig Bußruf und damit Aufschub, also Gnadenerweis! Dieses Moment steckt sogar schon im kurzen Zitat mit seinen Paradoxien. Die Leute, die laut Jesaja mit sehenden Augen nicht erkennen und mit hörenden Ohren nicht hören sollen, sind ja durchaus der Schöpfungsgabe des Sehens und Hörens teilhaftig, und bereits darin hält sich eine sozusagen schöpfungsgöttliche Verheißung durch. Und hier verkettelt sich bei Markus der Themenkomplex mit einem weiteren in den Darstellungsgang eingeflochtenen Gleichnis, vom Licht unter dem Scheffel, das sich bei Matthäus schon in der Bergpredigt findet (Mt 5,15): „Zündet man etwa ein Licht an, um es unter den Scheffel oder unter die Bank zu setzen? Keineswegs, sondern um es auf den Leuchter zu setzen. Denn es ist nichts verborgen, was nicht offenbar werden soll, und ist nichts geheim, was nicht an den Tag kommen soll. Wer Ohren hat, zu hören, der höre!“ (Mk 4,21f) Eschatologie zeigt sich hier als Theodizee und umgekehrt – biblische Theodizee spricht vom eschatologischen Gott, der Gnade ausschüttet und die Tränen trocknet, nicht von einem, der jederzeit überall die Rechnung aufgehen lässt und allen Anlass zu Tränen aus dem Weg räumt. Die sehend nicht sehen und hörend nicht hören, können begin-

---

[13] Wobei hier die Frage der Einheitlichkeit der Jesajagestalt und -schrift keine Rolle spielt, denn das Jesaja-Buch ist ja als eines und einheitliches gelesen und gehört worden.

nen, an ihrem Nichtverständnis zu leiden. Sie können anfangen, ihre Nichtzugehörigkeit bitter oder reuig zu empfinden. In ihnen kann das Gesehene und Gehörte arbeiten, Unruhe stiften, sie auf den Weg des Verstehens und Erkennens drängen. Auch im sehenden Nichterkennen und hörenden Nichtverstehen steckt nicht einfach eine statische Versagung, sondern ebenso eine eschatologische Provokation und zum Aufbruch drängende Kraft. Und ergeht der Ruf: „Wer Ohren hat zu hören, der höre!“ nicht an alle Hörer? Vielleicht sind bei den Jüngern auch die, die nur das ferne Echo eines Weckrufs vernommen haben und nun mehr wissen wollen, und gerade das macht sie jetzt zu Jüngern.

Vor allem aber muss nun die Aufmerksamkeit auf das Neue Testament als *Textgeschehen* zurückgelenkt werden, um das es bei meinen Überlegungen letzten Endes geht: Nicht nur Jesu Gleichniserzählung vom Sämann, auch seine Auslegung steht ja im Text und ist damit – Verkündigung nicht nur für die Jünger, sondern Verkündigung an alle Hörer und Leser aller Zeiten! Der Kontext nimmt den Leser oder Hörer mit auf den Weg der Entscheidung, der am Ende die Auserwählung, die sich zunächst als Vorentscheidung Gottes und pure Gegebenheit für den Menschen darstellt, verwandelt in ein Angebot und eine Aufforderung an alle, die zu hören bereit sind. Die Auserwählten hören – die Hörenden sind die Auserwählten. Damit aber ergibt sich, dass der neutestamentliche Kontext selbst in letzter Instanz den Weg des Texts geht: Das von Jesus im epischen Präteritum erzählte Gleichnis vom Sämann ist im Erzählakt Gegenwart mit Entscheidungsaufforderung: Aussaat des Worts vom Reich. Aber nicht nur das. Die Erzählung des Bibeltexts mit dem erzählten Erzähler *und Ausleger* Jesus als Mittelpunktsfigur ist selbst Aussaat hier und jetzt mit Appellcharakter. Nimm und lies! Wer jetzt wirklich in aller Intensität liest, in dem trägt das Wort Frucht, er ist der gute Acker, der Auserwählte, dessentwillen die Aussaat sich gelohnt haben wird. Und er ist zugleich der, welcher sich hörend als der Kranke zu verstehen beginnt, der des Arztes bedarf, so wie die Jünger, wahrhaftig keine Meisterversteher, aber Entschiedene, der Auslegungshilfe bedürfen und sie auch erhalten. Jesus kommt zu den hörenden und ihrer Krankheit bewussten Kranken, wogegen der, welcher sich für gesund hält, seine Krankheit nur noch nicht erkannt hat. Denn im tiefsten Sinn der Predigt Jesu ist der Mensch qua Mensch krank, in sich verstrickt, allenfalls ein schwächlich Liebender, für Gott Verschlossener, schlechter Boden. Nicht als Vorgegebenheit, erst recht nicht im Vorwissen ist der Mensch gesund; nur im beginnenden Erwachen wird er gesund. So wie Gott nur als kommender für uns da ist, sind wir für ihn Erweckte nur als Erwachende. Gesundheit des Menschen gibt es nur als immer wieder neu beginnendes Hören und Gesund-Werden. Keine Heilsexklusivität findet statt, vielmehr ein Angebot für jeden, aber kein billiges. Wenn wir jetzt als wahrhaft Hörende guter Boden zu werden hoffen dürfen, so in der gespannten Gelassenheit, dass nur und erst unter den Augen des endzeitlichen Gottes Kraut und Unkraut definitiv geschieden werden – auch in jedem von uns, wo ja bei jedem Kraut und Unkraut nebeneinander wachsen. Das ist die radikale Schicht des scheinbar so simplen Gleichnisses vom Sämann. Zu ihr dringt durch, wer hört. Das Gleichnis, das Christi Predigt zur Allerweltsweisheit herabzustimmen scheint, ihn scheinbar in der Knechtsgestalt der Alltäglichkeit verschwinden lässt, ist der wehende Wind des Geistes, der Sog zum Heil, der alle Ohren öffnen will.

IV Die Gottesgeburt als Geschichtserzählung

Geschichtsdurchkreuzung in der Komposition der Weihnachtsgeschichte des Lukas

Unsere Überlegungen zur Gleichnisrede Jesu und ihrem Ort im Neuen Testament können auf ein Einzelbeispiel im Kontext beschränkt bleiben, weil es in diesem Essay nur um das Textualisierungsprinzip der Inkarnation, nicht um eine entfaltete Exegese oder Theologie des Neuen Testaments geht. Dabei kann das Sämann-Gleichnis die Aufmerksamkeit auf eine christlich – und biblisch – besonders wichtige Dimension der Inkarnation lenken: die Dimension der Geschichte. Indem Jesus zur Erläuterung des Gleichnisses vom Sämann auf Jesaja zurückgreift, erweist er sich hier wie an so vielen Stellen des Neuen Testaments als verwurzelt in der Geschichte Israels mit seinem Gott. Jesus betet die Psalmen des Alten Testaments, noch in der Verlassenheit des Sterbens. Er zitiert immer wieder das Gesetz und die Propheten. Er deutet sich und seine Sendung im Rückgriff auf die Prophetie Israels. Zugleich aber ist Jesu Indienstnahme des Alten Testaments Umformung, Neuorientierung, Neusetzung – wie gesehen: Das alttestamentliche Gottesvolk löst sich unter der Erzählung auf in eine Jüngergemeinschaft von einzelnen, eigenverantwortlich vor Gott Stehenden – es ist dieselbe Wendung, die es erlaubt, die alttestamentliche Verheißung für das Gottesvolk „Fürchte dich nicht, denn ich habe dich erlöst; Ich habe dich bei deinem Namen gerufen; du bist mein!“ (Jes 43,1) zum christlichen Taufspruch zu machen. Daneben dynamisiert sich das bei Jesaja statisch bleibende Nacheinander von Gerichtssituation und späterer Gnadenzuwendung zu einem Ineinander, entsprechend dem Ineinander von Beginn und darin angelegter Vollendung des Gottesreichs in der Inkarnation Christi, dem verborgen offenbaren Richter und Erlöser der Welt, dem Heiland in Knechtsgestalt: Bei der Erzählung von einer früheren Saat und Ernte wird jetzt, im Erzählakt, gesät und dereinst geerntet, und das Wachsen oder Verdorren der Saat zielt auf Gericht wie Gnade dereinst. Und noch einmal wird in der Textgestalt aktualisiert: Jederzeit, auch heute, findet im Lesen der biblischen Gleichnisgeschichte und ihrer Auslegung die Aussaat statt. So ist Jesu Gleichnisgeschichte vom Sämann eindeutig geschichtlich situiert. Während sie im Jesaja-Zitat rückgreifend Heilsgeschichte Israels transformiert und vorgreifend auf das Eschaton hin öffnet, ist sie als Text Gegenwart für alle Leser aller Zeiten, die der Ewigkeit Gottes entgegengehen.

Geschichtstheologie im Alten und im Neuen Testament

Voll in ihren Dimensionen entfaltet findet sich die Relationierung von Inkarnation und Geschichte in der Erzählweise des Lukasevangeliums von der Geburt Jesu, wobei in Fortführung meiner früheren Überlegungen nun noch deutlicher werden kann, dass Erzählweise für mich nicht nur eine stilistische Einkleidung, sondern zugleich Genus, Komposition und Weltbild meint. Generell erhebt das biblische Erzählen den Anspruch, in untrennbarer Einheit Glaubensbotschaft und Geschehnisbericht zu sein. Berichtet die Bibel doch – wie schon erörtert – von einem Gott, der im Alten Testament als geschichtlich Handelnder auftritt, im Neuen Testament mit der Inkarnation in die Geschichte eintritt. Gott verkündigen heißt also zugleich von Geschichte reden.

In der Betonung dieser biblischen Gemeinsamkeit muss nun aber eine Differenzierung nachgetragen werden, wie „Geschichte" im Alten und Neuen Testament zu verstehen ist. Im Alten Testament nimmt das erzählte Geschehen als Führungsgeschichte eines auserwählten Gottesvolks weltgeschichtliche Dimensionen in Anspruch, im Neuen Testament nicht. Im Alten Testament wirkt

Gott Heilsgeschichte als Weltgeschichte; im Neuen Testament wirkt er Heilsgeschichte innerhalb der Weltgeschichte gegen sie. Das bedeutet für das Alte Testament allerdings nicht, dass es in seinen Geschichtsbüchern Realgeschichte schriebe und direkt als historische Quelle gelesen werden könnte. Im Gegenteil. Die Forschung hat deutlich gemacht, dass die Geschichtsbücher des Alten Testaments, auch wo sie als solche auftreten, nicht Geschichte schreiben, sondern unter Verwendung realgeschichtlicher Daten Geschichte als Heilsgeschichte konstruieren. Und diese Entwürfe sind kompensatorisch; sie befinden sich oft in striktem Gegensatz zum tatsächlichen Geschichtsverlauf. Die Einwanderung der Stämme Israels ins verheißene Land etwa, die sich im Alten Testament in großen geschichtlichen Aktionen vollzieht, vollzog sich realgeschichtlich weitgehend unspektakulär, als nomadische Unterwanderung einer sesshaften Bauernbevölkerung. Das Davidische Königtum war keineswegs so mächtig und glanzvoll wie es das Alte Testament für David und Salomon darstellt usw. Gerade das Unternehmen, Realgeschichte mit Heilsgeschichte zur Deckung zu bringen und als göttliche Führungsgeschichte eines auserwählten Volks darzustellen, führt zu kühnen Geschichtsprojektionen, deren Abweichungen von der historischen Realität es unternehmen, diese Realität, und nicht etwa die heilsgeschichtliche Geschichtskonstruktion zu entmächtigen. Das gilt auch und erst recht für die Krisen Israels. Nicht nur die Geschichtsbücher, sondern auch die prophetischen Bücher des Alten Testaments, zum Beispiel Jeremia und Jesaja, sind in ihren dichten historischen Bezügen heilsgeschichtlich zu lesen – etwa in der Korrespondenz zwischen ägyptischer Gefangenschaft und babylonischem Exil – und können auch nur in heilsgeschichtlicher Lesung auf ihre Offenbarungsbedeutung für das Christentum durchsichtig gemacht werden, das sie wiederum christlich umdeutete. Man denke nur an die Gottesknechtsprophezeiungen bei Jesaja oder die Jesaja-Vision vom eschatologischen Zug der Völker zur Anbetung des Herrn in Jerusalem.

Das Neue Testament erzählt Heilsgeschichte auf ganz andere Weise und mit anderem Anspruch, nämlich als Biographie des menschgewordenen Gottes im Operationsfeld der römischen Weltmacht. Die Inkarnation ist Eintritt in eine gottfremde Welt, ein Eintritt, der doch das Heil der ganzen Welt wirken will, die es nicht begreift. Miterzählte Daten der paganen Geschichte wollen nichts als die reale Menschwerdung Gottes im geschichtlichen Raum bezeugen. Gerade als selbst nicht heilsgeschichtlich belegen sie die Inkarnation Gottes als heilsgeschichtliches Zentraldatum. Die heute aussterbende Redensart für markante Zufallskonstellationen, jemand sei in eine Sache hineingeraten wie Pontius Pilatus ins Credo, macht in genialer Weise klar, worum es geht: Der Römer Pontius Pilatus ist ein Fremdkörper im Credo, nicht ein Glaubensgegenstand, sondern eine chronologische Marke; aber als chronologische Marke bekräftigt er den Eintritt Gottes in eine entfremdete Geschichte, ja, er erweist sich sogar unwillentlich als Gottes Werkzeug. Gegen den Protest der jüdischen Würdenträger, die gerade in diesem Anspruch Jesu todeswürdiges Verbrechen sehen, lässt Pilatus laut Johannesevangelium 19,19 am Kreuz die Inschrift „Jesus von Nazareth, König der Juden" befestigen. Diese Inschrift teilt zunächst einmal ordnungsgemäß den Kreuzigungsgrund mit. Sie enthält zugleich der Intention des Statthalters nach Distanzierung von der fremden Welt der Juden, Hohn auf sie und vielleicht auch ein wenig skeptische Bewunderung des römischen Weltmanns für die ebenso hoheitsvolle wie befremdliche Gestalt Christi; vor allem aber verkündet sie durch den Mund des Ungläubigen die Wahrheit Gottes und hat damit Offenbarungscharakter. Was Pilatus geschrieben hat, das hat er geschrieben (Joh 19,22). Es wird über ihn hinwegrollen. Dieser zu Tode gemarterte heilsgeschichtliche König wird über den römischen Kaiser hinwegrollen.

Konfrontation von Weltgeschichte und Heilsgeschichte in der lukanischen Geburtsgeschichte

Die Geburtsgeschichte im Lukasevangelium schließlich nimmt in der Geschichtstheologie des Neuen Testaments noch einmal eine herausragende und gänzlich eigentümliche Stellung ein: Einerseits *thematisiert* sie geradezu programmatisch das in den anderen Evangelien beiläufige Verhältnis von verkündigter Heilsgeschichte zu paganer Geschichte; andererseits vollzieht sie diese Thematisierung auf dem Boden einer märchenhaften Geschichtserfindung, die zwar vorgibt Geschichtserzählung zu sein, ihre Märchenzüge aber offen an der Stirn trägt, ohne ihren Verkündigungsanspruch zu relativieren. Vielmehr drängt sich der Eindruck auf, dass es hier um ein demonstratives Zerreißen der Einheit von Heilsgeschichte und paganer Geschichte geht, die das Weltbild des Alten Testaments beherrscht.[14] Die Weihnachtsgeschichte im zweiten Kapitel des Lukasevangeliums faltet die epochal neue Konstellation von Geschichte und Heilsgeschichte aus: Die ultimative Heilsgeschichte bricht im toten Winkel der Weltgeschichte auf. Lukas konfrontiert durch die Datierung der Geburt des Erlösers die Heilsgeschichte mit der Realgeschichte, um deren Anspruch ein für alle Mal zu entmächtigen. Die Geburtsgeschichte stellt die Ohnmacht der geschichtlichen Mächte ins Licht der Offenbarung und stellt damit heraus, dass in der durch die Geburt des Gottessohns durchkreuzten Geschichte nichts mehr ist, wie es war. Die Gottesgeburt als Geschichtlichwerden Gottes in Christus ist Durchkreuzung der Geschichte, und als durchkreuzte geht sie weiter, aber auch nur als durchkreuzte behält sie einen Bezug auf die Heilsgeschichte. Der Gottessohn geht seinen Passionsweg, indem er als Herr der Geschichte sich von der paganen Weltmacht kreuzigen lässt und sie damit besiegt. Erst in der letzten Wiederkehr Christi wird die

[14] Vgl. dazu unten den Abschnitt „Der Text selber ist das Offenbarungswort“.

pagane Geschichte in die Heilsgeschichte heimgeholt. Es kann für den Christen nicht darum gehen, die Klimakatastrophe als Endkatastrophe und die Bewahrung der Schöpfung als eschatologisches Vollendungsziel der Geschichte zu verstehen; wohl aber kann eine durch Gott erneuerte Schöpfung in der eschatologischen Verheißung vom Neuen Himmel und der Neuen Erde wiederaufleben.

Die Weihnachtsgeschichte im zweiten Kapitel des Lukasevangeliums beginnt mit einer exakten historischen Zeitbestimmung der in der Folge zu erzählenden Christusgeburt, nämlich mit der Erwähnung einer für das gesamte Imperium Romanum einschneidenden Verwaltungsmaßnahme: „Es begab sich aber zu der Zeit, dass ein Gebot von dem Kaiser Augustus ausging, dass alle Welt geschätzt würde. Und diese Schätzung war die allererste und geschah, da Quirinius Landpfleger in Syrien war." (Lk 2,1f) Diese scheinbar exakte Datierung ist fragwürdig, wie die Historiker erklären. Aber umso deutlicher ist das Bestreben des Autors, die Weihnachtsgeschichte einem markanten historischen Zeitpunkt zuzuordnen. Damit wird die Geburt eines Gottessohns durch eine Menschenfrau, die auch andere Religionen kennen, aus dem Raum des Mythos in den Raum der Geschichte versetzt, nachdem schon vorher in der Verkündigungsgeschichte die Zeugung des Gottessohns den fleischlichen biologischen Vereinigungen etwa Jupiters, häufig noch unter irdischen Gestalten, mit Menschenfrauen diametral entgegengesetzt worden ist. Jesus ist von Seiten Gottvaters liebende Geistzeugung durch das Wort; von Seiten der empfangenden Mutter wird er ein geborenes Menschenkind sein, deshalb nicht ein mythischer Halbgott wie etwa Herakles, halb Mensch, halb Gott, sondern wahrer Mensch und wahrer Gott, Fleisch gewordenes Wort, das sein Gezeugtsein aus dem Geist und damit seine göttliche Herkunft stets bei sich führen wird. Das Fleisch gewordene Wort Gottes wird im Fleisch immer Wort Gottes bleiben. Die geschichtliche

Fixierung der Inkarnation sagt, dass die Gottesgeburt ein für alle Mal erfolgt. Geschichte wiederholt sich nicht, aber alle geschichtlichen Ereignisse wirken weiter. Eine geschichtlich datierte Gottesgeburt ist völlig punktuell, aber die Frage, was Geburt und Leben des Gottessohns vor 2000 Jahren im fernen Palästina für uns noch bedeuten sollen, ist unsinnig. Gott muss nicht alle 500 oder 1000 Jahre neu geboren werden. Die einstmals geschehene Geburt in Bethlehem ist gerade durch ihre Einzigkeit und Einmaligkeit allgemeingültig für alle Welt. Sie verändert definitiv die Welt, denn sie stellt sie gemäß der Botschaft des Neuen Testaments in die Perspektive der Welterlösung, und das kann und muss nur einmal für allemal geschehen (vgl. Hebr 7,27; 9,12; 10,10.14).

Die Verankerung der Datierung in der Gestalt des Kaisers Augustus setzt nicht irgendein historisches Datum, sondern eines von höchster Bedeutung. Das Römische Reich ist nach dem Selbstverständnis Roms, wie Luther exakt übersetzt, „alle Welt", Orbis, der gesamte Umkreis der Zivilisation. Augustus ist der mächtigste Mann der Welt, aus den blutigen Revolutionskriegen hervorgegangener erster römischer Kaiser, „Friedefürst", Stifter der „Pax Augusta", vergöttert durch Staatskult, mit seiner Sippe verherrlicht durch einen eigenen Großaltar, die „Ara Pacis" in Rom. Das Ereignis, von dem die Geburtsgeschichte berichtet, findet dagegen in der fernsten Provinz statt, am äußersten Rand des Weltreichs, der gerade noch von den kaiserlichen Dekreten erfasst wird, eigentlich an einem Nichtort, einem ou tópos, im Stall von Bethlehem, denn in den Herbergen der Menschen war kein Platz für den zu gebärenden Gottessohn – speziell nicht für ihn, denn die Erzählung sagt nichts davon, dass auch andere Frauen anlässlich der Volkszählung im Stall hätten gebären müssen. Mann und Frau sind in eindrucksvoller Weise bei der Geburt allein. Die Eltern des Kindes sind kleine Leute, ein Zimmermann und seine junge Frau von fragwürdigem Ruf, beide

Opfer wie viele der römischen Verwaltungsmaßnahme, die eine „Schätzung“ ist, die Registrierung für ein Steuerregister. Denn wie Abertausende anderer Leute mussten sie – ohne Rücksicht auf die Hochschwangerschaft der Frau – zum Zweck des Zensus ihren Wohnort Nazareth in Galiläa verlassen und den Herkunftsort der Sippe, Bethlehem im jüdischen Land, aufsuchen. Und hier kommt die junge Frau nieder, in einem Stall beim Vieh.

Aber doch ist das neugeborene Kind, das, in Windeln gewickelt, provisorisch in eine Futterkrippe neben Ochs und Esel gelegt wird, in der Unscheinbarkeit und ohnmächtigen Winzigkeit seines Säuglingszustandes der wahre Weltherrscher und Friedefürst, und nicht der große prächtige Mann in Rom. So spricht der Engel, in der Klarheit Gottes stehend, zu den Empfängern der Botschaft: „Siehe, ich verkündige euch große Freude, die allem Volk widerfahren wird; denn euch ist heute der Heiland geboren, welcher ist Christus, der Herr, in der Stadt Davids.“ (Lk 2,10f). „Friede auf Erden bei den Menschen seines Wohlgefallens“ (2,14) wird von der Menge der himmlischen Heerscharen den Hirten auf dem Feld verkündigt. Jesus Christus wird ein Friedefürst ohne weltliche Macht, mit Verfügung über himmlische Heerscharen, aber ohne Armee, ohne Verwaltung und Steuereinnahmen sein, ein Wanderprediger, der von sich sagen wird: „Die Füchse haben Gruben und die Vögel unter dem Himmel haben Nester; aber der Menschensohn hat nichts, wo er sein Haupt hinlege.“ (Mt 8,20). Dieser Mann wird als Verbrecher hingerichtet werden und doch das römische Weltreich des Kaiser Augustus weit überdauern. Wo er ist, ist die Mitte.

Das Kind in der Krippe übermächtigt den Augustus

Das ist nicht nur äußerst pointiert erzählt, so pointiert, wie Faktengeschichte an sich selbst nie ablaufen kann. Es ist zugleich

Schritt für Schritt von tiefster, weithin alttestamentlich verankerter Symbolik: Das Gebot des Kaisers Augustus hat – unwissend und blindlings – eine prophetische Verheißungslinie des alten Israel in Kraft gesetzt. Nazareth in Galiläa, woher Maria und Joseph kommen, ist heilsgeschichtlich jüdisches Niemandsland. Doch in Bethlehem ist König David geboren (1 Sam 16,1), aus dem nach der Verheißung des Propheten Nathan ein ewiges Königtum hervorgehen soll (2 Sam 7,1ff) und dessen Haus und Geschlecht, trotz aller persönlichen Unscheinbarkeit, Joseph, der Familienvater, angehört, weshalb er zur Volkszählung des Kaisers mit seiner schwangeren Frau auch dorthin aufbrechen musste. Im viehischen Stall der Menschheit wird der Gottessohn geboren, der Davidische Heilsbringer, den die Menschen von Geburt an aus der Welt hinauszudrängen beginnen. In einer Futterkrippe fürs Vieh liegt die Heilsnahrung der Welt. Ochs und Esel an der Krippe stehen – unter Rückdeutung auf eine Jesaja-Gerichtsrede über Israel (Jes 1,3) – zeichenhaft für Juden und Heiden, also für alle Welt, die den Heiland anbeten wird. Wenig später werden – nach Mt 2 – die Magierkönige aus dem geschichts- und kulturträchtigen alten Orient, dem neuen Stern der Gottesgeburt folgend, im Stall von Bethlehem den neugeborenen Weltkönig finden und dem huldigen, dessen Erkennungszeichen keine der weltlichen Herrlichkeit sind, vielmehr Windeln, wie sie doch alle Säuglinge tragen, als Zeichen der Radikalität der Menschwerdung Gottes bis in die Banalität menschlicher Notdurft hinein. Die Huldigung der Magier weitet die Geburt im Stall der Geschichte zum kosmischen Ereignis. Sie huldigen in dem Säugling dem Kosmokrator.

Und in diese schon an sich selbst märchenhafte Konfrontation zweier Weltmachtansprüche – des römischen Friedenskaisers in Glanz und Glorie und des Davidischen eschatologischen Weltkönigs in der Niedrigkeit – tritt ein Geheimsignal des göttlichen Siegs über die Großmacht der Geschichte: Alttestamentlich ist die aus eigener Machtvollkommenheit unternommene Volkszählung des Königs zur Überprüfung und Dokumentation seiner Macht und Pracht Ausdruck menschlicher Selbstvergötterung, wie gerade der auserwählte König David zu lernen hat. Gottes Verheißung an Abraham war: „Kann ein Mensch den Staub auf Erden zählen, der wird auch deinen Samen zählen." (Gen 13,16). Nur Gott wird Abrahams Samen zählen können. Aber David will Abrahams Samen zählen lassen. Dafür muss er eine von ihm angeordnete große Volkszählung bezahlen mit der Gottesstrafe einer schweren Pest, die sein Volk noch während der Zählung dahinrafft, bis Davids Buße Gottes Zorn besänftigt und ihm durch einen Engel Gnade für sich und sein Volk verheißen wird – gerade an dem Ort, wo später in Jerusalem der Salomonische Tempel errichtet werden wird. Das erzählt das Alte Testament in gleich zwei Erzählungen, so wichtig ist dieses Ereignis (2 Sam 24 und 1 Chron 21). Gottes neutestamentliche Strafe für den Volkszähler Augustus in Rom ist eine viel leisere und tiefere als für den König David: Mag der Neugeborene in Bethlehem in einer Zensusliste der Augusteischen Volkszählung auftauchen; der neugeborene König Jesus Christus entgeht dem Kaiser und seiner hoch effizienten Verwaltung. Ebenso präzise wie beiläufig rückt die Weihnachtserzählung das selbstzufriedene Weltreich in den Blick. Als Steuer- und Verwaltungsstaat sowie vor allem als Militärmacht will es das neue Goldene Zeitalter des Heils kreieren, wofür gewaltige Finanzmittel aus dem Volk herausgepresst werden müssen, und hat dabei keinen Platz und keine Rubrik für die Geburt des Heilsbringers, der Rom und den Kaiser Augustus beerben wird. Darin fasst sich eine überwältigend neue Verknüpfungsweise menschlichen und göttlichen Handelns zusammen. Nicht: menschliche Hybris ruft, quasi kausal, göttliches Strafgericht hervor. Sondern: ausgreifende menschliche Weltmacht wird von göttlichem Handeln unmerklich und darin umso tiefergründig durchkreuzt. Das göttliche Handeln nimmt den – geistlich blinden – menschlichen Aktionismus in Dienst, lässt ihn sich selbst in seiner Hohlheit und Vergeblichkeit desavouieren und verwirklicht sich dabei als Heilshandeln. Dass – auch in einem geistigen Sinn – kein Raum in der Herberge ist für das göttliche Kind, dass es auf der Zählungsliste zwar steht, aber nicht erscheint, richtet die Menschen. Dass Gott die Peripherie der paganen Welt zum Ort seiner Selbstoffenbarung macht, schmilzt nach biblischer Vorstellung das Gericht in die Gnade ein. Gott kommt in Christus als Niedriger zu den Niedrigen.

Der Bethlehemitische Kindermord des Herodes als Ohnmachtshandlung

Erweitert man den Blick von der lukanischen Weihnachtsgeschichte auf das Matthäusevangelium, dann gewinnt die lukanische Geburtsgeschichte des Messias geradezu eine Einrahmung durch Signale menschlicher Allmachtsanmaßung; vor der Geburt (Lk 2) der Zensus des römischen Weltherrschers, nach der Geburt (Mt 2) der Bethlehemitische Kindermord des Königs von römischen Gnaden Herodes. Stimmen beim angeblichen Zensus des Kaisers Augustus die historischen Datierungen nicht zusammen, so fehlt für den Kindermord vollends jede historische Grundlage, und wiederum zeigt auch hier die historische Willkür gerade die Wichtigkeit der geschichtlichen Bezugnahme in beiden Berichten von der Gottesgeburt. Mit der Verflechtung des Herodes in die Geburtsgeschichte ist neben der römisch-imperialen Macht das jüdische Königtum auf den Plan gerufen, zu dessen letzten Ausläufern Herodes, der sogenannte Große, gehört. Augustus weiß nichts vom jüdischen Messianismus. Herodes steht bei Matthäus so weit in dieser Tradition, dass er brutal versuchen kann, in das messianische Heilsgeschehen einzugreifen, indem er den neugeborenen messianischen König der Juden als seinen Konkurrenten aus dem Weg zu räumen unternimmt. Dabei vereinigt er Angst, List, Heuchelei, mörderischen Zugriff und – schlauen Instinkt für die Eigenart dieser Messiasgeburt. In den römischen Zensuslisten ist der neugeborene König der Juden als Nummer da und in der Zahl verschwunden, als Sortenexemplar „wahr' Mensch" gezählt, aber nicht in seiner Einzigkeit „und wahrer Gott" wahrgenommen. Herodes' Handeln ist die böse Reaktion auf die Verborgenheit des Gottessohns in seiner Geburt: Weil er zwar von der Verheißung des Messiaskönigs weiß, aber seine Augen und die seiner Häscher das neugeborene göttliche Kind nicht erkennen können, rottet er die Sorte der Neugeborenen in Bethlehem aus, in der dieser Messiaskönig vor Herrschaftswissen und rationaler Weltverfügung versteckt und nur dem Glauben offenbart ist. Alle Neugeborenen in Bethlehem müssen sterben, weil einer unter ihnen der Einzige ist. Noch einmal ein Akt der absolutistischen Quantifizierung, dem der Gott ‚entspringt'. Auch dieser Frevel evoziert kein göttliches Strafgericht, sondern eine Flucht, ausgerechnet nach Ägypten, von wo der Exodus, der göttlich geführte Weg der Juden in die Freiheit seinen Ausgang nahm. Der neue Zug des Gottesvolks in die Freiheit der Kinder Gottes beginnt dort, wiederum unscheinbar, als traumgeleitete, vorsichtige und ängstliche Rückkehr des Hausvaters Joseph mit seiner kleinen Familie in das jüdische Land. Vom Bethlehemitischen Kindermord aber zieht sich eine Spur der Blutzeugen seit der Geburt Jesu, des menschgewordenen Gottes am Kreuz, bis in die heutige Gegenwart und trägt dazu bei, Kirche zu konstituieren.

Nähe und Ferne des Gottessohns

Das lukanische Weihnachtsevangelium ist Verkündigung des Evangeliums durch dichterische Geschichtsdeutung. Dabei werden auch hier die Verkündigungsgehalte nur im Ansatz expliziert und logisch-begrifflich entwickelt. Auch hier ist die erzählte

Geschichte in ihrer weitgespannten Symbolik und immanenten Deutungskraft selbst reicher und tiefer als das deutende Erzählerbewusstsein. Insofern bricht auch die Weihnachtsgeschichte nicht aus der Erzählhaltung der Evangelien „auf den Knien des Herzens“ (Manasse 11) aus. Sie präsentiert nicht nur einen Heiland in der Knechtsgestalt des hilflosen Neugeborenen, sondern ist auch darstellerisch Offenbarung in Knechtsgestalt. Aber wohl nirgends im Neuen Testament so deutlich wie hier zeigt sich, dass die erzählerische Darstellungskraft sehr viel bewegender und komplexer sein kann als das rationale diskursive Vermögen, das in seiner eindimensionalen Ordnung der Aussagen zwar eindeutiger und logischer verfährt, aber auch eingleisig ist und sperrigen Inhalten gegenüber exklusiv. Die Polyphonie entspringt der vergegenwärtigenden Darstellungsweise der Erzählung. Sie wird erzielt durch die Kraft der Bildlichkeit und Symbolik, die Eindringlichkeit des Ausdrucks, die oft auch im Lakonismus, sogar im sprechenden Schweigen liegt, sowie durch die Stiftung nicht begrifflich festgemachter textimmanenter Beziehungen, so wie etwa zwischen Augustus und dem Christuskind. Diese Darstellungsmittel können im Leser oder Hörer eine Mobilisierung aller Potenzen der Emotion und des Bilddenkens hervorrufen. Wie die Fülle der emotionalen und imaginativen Resonanzen von Erzählerseite ins Spiel gebracht wird, bringt die Aktivierung dieser Kräfte auch den Leser oder Hörer in toto ins Mitschwingen, ermöglicht einen intensiven mitgehenden Nachvollzug des Verkündigten, der wiederum die Knechtsgestalt der Offenbarung Gottes durch Menschen auch zum Reichtum macht.

Dieser Reichtum ist nicht etwa einfach Dichte der Annäherung des Menschen an den menschgewordenen Gott. Dieser Reichtum ist auch die Zulassung einer extremen Sprengkraft der Erscheinung Jesu Christi unter den Menschen, die immer, solange Menschen für Botschaften empfänglich sein werden, wirksam bleiben wird. Es zeigt sich an der Weihnachtsgeschichte wie überall in den Evangelien in ihrer Zusammenwirkung, dass die Inkarnation Gottes in Jesus Christus einerseits Nähe zum Menschen erzeugt, Gott in Christus zum Bruder des Menschen macht, ihn in den Kontext des menschlichen Lebens stellt mit seiner Abhängigkeit und Bedürftigkeit und seiner Einbindung auch in die alltäglichen Banalitäten. Aber andererseits liegt gerade darin auch die letzte Steigerung der äußersten, sowohl fesselnden als auch erschreckenden Befremdlichkeit, Unfassbarkeit und Geheimnishaftigkeit der Gestalt Jesu Christi. Die Menge der himmlischen Heerscharen füllt die himmlischen Räume, um den Hirten, unscheinbaren Zeitgenossen, die Geburt des winzigen Gottessohns im Stall von Bethlehem als „große Freude, die allem Volke widerfahren wird“ (Lk 2,10), zu verkündigen. Die nur allzu oft idyllisierte Geburtsszene und die Botschaft von ihr stehen mit gutem Grund unter der Devise: „Fürchtet euch nicht!“ Die Hirten fürchten sich allerdings sehr, und viele nach ihnen auch. Dass Gott in Christus der Bruder zum Anfassen und der Herr und Gott aller Zeiten ist, der palästinensische Wanderprediger aus längst vergangenen Tagen und längst vergangenem Kulturzusammenhang auch der kommende eschatologische Gott, seine weit entrückte Gegenwart auch die Zukunft für uns, ja für alle Zeit, das rückt ihn in größte Nähe und Ferne zugleich. Die Befremdlichkeit ist Absprungstelle für den Tigersprung in unserer so gänzlich anderen Lebenswelt. Dass Gott der Herr der Geschichte ist, war Israel so geläufig, wie es den philosophisch gebildeten Griechen geläufig war, dass Gott der unbewegte Allesbeweger ist. Dass Gott Wunder wirkte und seinem Volk Propheten in die geschichtliche Situation hinein sandte, auch. Dass der Messias kommen werde, war eine allgemeine Hoffnung Israels.

Aber dass der Mensch Jesus, der Sohn des Zimmermanns, der armselige Wanderprediger, von sich behauptete, er sei die Auferstehung und das Leben, wer ihn sehe, sehe Gott, dass er sich

– wie Gott – zur Sündenvergebung aufschwang, dass er verkündete, niemand komme zum Vater denn durch ihn, das war ungeheuerlich – so ungeheuerlich wie am Ende die eschatologische Herrschaft des gekreuzigten Menschensohns, so ungeheuerlich wie die Kreuzigung des Heilsbringers für die Menschen durch die Menschen, so ungeheuerlich wie die Überlieferung dieser geschichtssprengenden Geschichte durch eine Gattung von Geschöpfen, die ihren Erlöser gekreuzigt hatten und nun an ihn glaubten. Das ist so atemberaubend wie die Tatsache, dass diese Überlieferung in einer gottgewollten Knechtsgestalt der Offenbarung in menschlicher Rede stattfindet, die den Erlöser durch die Zeiten verherrlicht, aber im Versagen der deutenden Menschenrede an der Unaussprechlichkeit Gottes ihn auch immer aufs Neue ans Kreuz schlägt. Ist doch Christus auch auferstanden als durch Menschen ans Kreuz geschlagener Weltenkönig mit seinen Wundmalen, ist Christus doch auch in der Kirchengeschichte mit ihren entsetzlichen Verbrechen und Fehlentscheidungen immer wieder gekreuzigt worden und auferstanden. Ist doch Christus auch in der heutigen Zerrissenheit und Ohnmacht des Christentums, in der Lauheit der Gemeinden und jedes einzelnen Christen verraten und gekreuzigt, verraten und gekreuzigt auch in der modischen Entführung des Mannes am Kreuz, des dialogischen Gottes, in monologische, geschichtsnegierende Spielarten der Spiritualität.[15] Und dieser gekreuzigte Gott kann

[15] Ich denke hier vor allem an Derivate des Buddhismus, die in unserer Zeit vager religiöser Bedürfnisse bis tief in die Kirchen hinein Hochkonjunktur haben. Aber „Höre Israel“ ist der Anruf, unter dem der Mensch in Judentum und Christentum steht (Dtn 6,4: „Höre, Israel, der Herr ist unser Gott, der Herr allein.“ Jesus nimmt das Wort Mk 12,29 auf); nicht: „Höre in dich hinein“. Ein auf mich Zukommender ruft mich an – das läuft auf ein dialogisches Verhältnis zu. In mich hineinhören erzeugt eine monologische Situation. Wenn wir in uns hinein hören, finden wir Entgegengesetztes. Urvertrauen, Liebesfähigkeit, Weltzuwendung, gewiss; sonst lebten wir nicht.

doch in jedem von uns mit Gottes Hilfe aufleben. Aufleben als Geschichte gewordener Gott, in einem Raum der Geschichte, den er sprengt. Das gleiche Hin- und Hergeschehen ereignet sich sprachlich im Neuen Testament.

Aber auch das Gefühl völliger Abhängigkeit, Urangst vor einer undurchschaubaren Welt, unbedingten Durchsetzungstrieb, Machtwillen, Egoismus. „Was ist das, was in uns hurt, lügt, stiehlt und mordet?" So fragt Georg Büchners Dramenfigur Danton (Georg Büchner: Sämtliche Werke und Briefe. Historisch-kritische Ausgabe. Hg. Werner R. Lehmann, 2 Bde Hamburg [Wegner] o.J., Bd. 1. S. 41). „Ich weiß nicht, was in mir das Andere belügt." (Ebd. Bd. 1, S. 28) Wir finden in uns eine diffuse Gemengelage von Antrieben und Empfindungen; neben dem Glück „es ist gut so" das wütende Bedürfnis „es soll anders werden". Wir finden den Zwiespalt zwischen Wollen und Sollen und eine unstillbare Sehnsucht, von diesem Zwiespalt erlöst zu werden. Das Leiden und der Schmerz in der Welt ist, wie wiederum der große Georg Büchner seinen Danton sagen lässt, „der Fels des Atheismus" von alters her (Ebd. Bd. 1. S. 48). Und die Religionen? Archaische Religionen haben ambivalente Götterbilder, und eine Zwiegesichtigkeit des Göttlichen zieht sich in Spuren auch in die Hochreligionen hinein. Die Vorstellung, göttliche Übermächte müssten durch Opfer besänftigt oder zu Do-ut-des-Geschäften veranlasst werden, ist uralt und interkulturell. Wer unerbittlich in sich hineinhörte, könnte nicht eine platte Eindeutigkeit wie rundum Urvertrauen finden. Kein Zurück in den Uterus! Wir fangen da nicht an und können da nicht bleiben. Wir müssen durch den Geburtskanal hindurch, wenn wir leben und am Ende „lebenssatt", gesättigt von Lebensberührungen, sterben wollen. Wenn wir aber primär Urvertrauen in uns fänden, gäbe es dafür jede Menge evolutionsbiologischer Begründungen. Bekanntlich gibt es eine evolutionsbiologische Ethik. Wer keinen Gott benötigt, wird keinen finden. Wir brauchten nicht einmal für unser Urvertrauen einen Gott und einen Schöpfungsglauben. Oder anders herum gesagt: Wenn wir einen Schöpfungsglauben in Anspruch nehmen, dann ist es eben ein religiöser Glaube, unbeweisbar wie jeder andere, an einen Schöpfer, der die Welt und auch uns Menschen gemacht und uns ein Urvertrauen gegeben hat. Für jeden, der einen Gott sucht, der ihn trägt, gilt: Auch am Anfang der Reihe des Lebensbegründenden, das wir scheinbar *in uns* vorfinden, steht eine göttliche Schöpferkraft, die es *von außen* in uns hineingelegt hat. Und damit sind wir wieder genau an dem Punkt, an dem die Offenbarungsreligionen anfangen, und demnach auch wieder bei der Frage: Wie und wo kommen wir zum Christentum?

Der Text selber ist das Offenbarungswort

Die hier entwickelte Einsicht, dass und wie Realgeschichte und Heilsgeschichte biblisch in Spannung stehen und dass sich gerade in dieser Spannung das Offenbarungsmoment des Texts zuspitzen kann, nimmt die Realgeschichte durchaus ernst, indem sie ihren Stellenwert für den Offenbarungscharakter der Bibel sichert. Die Verfasser und Redaktoren der Bibel haben nicht Geschichte und Heilsgeschichte so vermischt, dass heute der geschichtliche Kern der Bibel herausgearbeitet werden müsste, wenn es um die Glaubensverbindlichkeit der Bibel geht. Sie haben auch nicht eine übergeschichtliche Heilswahrheit historisch eingekleidet. Sie haben vielmehr die Spur ihres Gottes als Geschichte und in der Geschichte gefunden, und auf diese Spur, erst eines Führungsgottes, dann eines inkarnierten und also in die Geschichte eingebrochenen Gottes, kam es ihnen an. Hier liegt die Verbindlichkeit der Bibel als Offenbarung. Wir werden hinter dem Text seine Entstehungsumstände, aber keine Offenbarung finden, sondern nur in ihm und aus ihm heraus. Je besser allerdings wir diesen Hintergrund in der Relation zum Vordergrund kennen, umso mehr kann uns das dabei dienen, die Offenbarung, die uns als Text zuteil wird, zu erfassen und auf uns zu beziehen. Christi Gerichtsreden über die Reichen – etwa im Gleichnis vom reichen Mann und armen Lazarus Lk 16,19ff – gewinnen nicht dadurch ihre unvermindert auch den Menschen der Moderne treffende Stoßkraft, dass sie den historischen Christus als Repräsentanten einer radikal sozialkritischen Armutsbewegung im Judentum der Zeit erweisen, sondern dadurch, dass diese Reden sich wie Eisenfeilspäne der neutestamentlichen Grundopposition zuordnen zwischen denen, die als Bettler, weil zutiefst Bedürftige vor Gott stehen (siehe Luthers berühmtes „Bettler sind wir, das ist wahr"), und den Reichen, die, wie Prometheus, alles selbst vollendet haben. In diesem Kontext bekommt es seinen Sinn, dass wir wie der selige Lazarus in Abrahams Schoß sitzen werden, *weil* und sofern wir Bettler sind. Damit ist natürlich unbestritten, dass dieses Gleichnis sozialkritische Ober- und Untertöne hat, deren Wahrnehmung durch die historische Ortung verschärft werden kann.

Was für das Geschichtsverhältnis des Texts gilt, gilt entsprechend für die Textgeschichte. Nicht aus der Textgeschichte gewinnen wir den Textsinn, wohl aber kann der Textsinn als Prüfstein textgeschichtlicher Hypothesen dienen. Wir können vermeintliche Widersprüche im Text nicht dadurch beiseite schaffen, dass wir eine redaktionelle Vermengung verschiedener Textelemente postulieren. Was im Zeitraum zwischen Verfassung der Einzelschriften und Endredaktion des Kanons von genialen Verfassern und klugen Redaktoren nicht als Textverderbnis und Aporie wahrgenommen worden ist, ist höchstwahrscheinlich der originale Text. Nicht umsonst kennt die Philologie den Grundsatz, dass die lectio difficilior die originale ist. Sehr viel wahrscheinlicher als ein Widerspruch im Text ist es, dass wir als spätere Ausleger seinen springenden Punkt nicht erfassen. Nicht die Textgeschichte und die im Text durchschlagenden Momente der Realgeschichte enthalten den Offenbarungssinn der Bibel, mögen sie sonst auch noch so viele wichtige Erkenntnisse enthalten, sondern der Text selber ist das Offenbarungswort.

Grundsätzlich geht es mir hier nicht um die Entwertung quellenkritischer, religionsgeschichtlicher oder formgeschichtlicher Fragestellungen, sondern um deren Relativierung in Bezug auf den Wahrheitsanspruch des Christentums als Offenbarungsreligion. Und auf diesen Wahrheitsanspruch, die Offenbarungsbotschaft, nicht auf den historischen Quellenwert der Bibel kommt es mir an. In dieser Beziehung knüpfe ich hier bei meinem Essay „Der Wahrheitsanspruch des Christentums“ (Tübingen 2009) an. Bei dieser Fragestellung gehe ich auf zwei Einsichten zurück. Die erste ist die geschichtstheoretische Einsicht, dass es für den Historiker weder möglich noch anzustreben ist, den eigenen historischen Ort im erforschten Gegenstand verschwinden zu lassen, so dass dieser „an sich selbst" zur Erscheinung gebracht werden könnte. Das bedeutete, wäre es möglich, die Distanzierung und Stillstellung der Geschichte durch Forschung. Vielmehr kann es nur darum gehen, die eigene Position des Forschers als Erkenntnisvoraussetzung fruchtbar zu machen, das heißt im Gegenstandsbezug die eigene historische und individuelle Position so mitzureflektieren, dass der Gegenstand in seinem Verhältnis zu uns und in unserem Verhältnis zu ihm ins Licht tritt. Er bleibt dabei nicht museal; vielmehr geht er uns an, denn wir sind ja als historische Existenzen in alles verflochten, was je gewesen ist. Wir werden zum Tigersprung in die Vergangenheit befähigt, indem wir sie aneignen. Umgekehrt stellt uns die Vergangenheit in Frage. Wieviel mehr noch gilt das im Glaubensverhältnis und gegenüber den Quellen des Glaubens. Ich bezweifle als Historiker, ob es möglich ist, Textgeschichte der Bibel im Rahmen der übergreifenden Fragestellung der jüdisch-christlichen Religionsgeschichte objektiv zu betreiben. Gerade in der Illusion der Objektivität liegt ein hervorragendes Versteck für die uneingestandenen subjektiven Momente unseres Fragens und Wahrnehmens. Ich bezweifle erst recht als Christ, ob es möglich ist, einen Text, der strukturell appellativ ist, unter Neutralisierung seines Appells aus seinen Aufbauelementen voll zu erfassen. Er *wartet* ja nicht auf meinen Tigersprung in die Vergangenheit, sondern springt mich an. Ich bin, wenn ich mich der Bibel zuwende, schon der Angesprungene. Gewiss kann man versuchen, nach der Seite wegzutreten, um den Tiger im Sprung zu fotografieren und dann seine Prankenabdrücke auf dem Boden, sein Gebiss und die Zeichnung seines Fells zu studieren. Als Christ liegt mir näher zu fragen: Was willst du von mir? Wie kann ich vor dir bestehen?

V Bibeltext und theologische Anstrengung des Begriffs

Die Bibel bedarf der Auslegung und damit der Theologie – in Knechtsgestalt

Das Weihnachtsevangelium des Lukas relationiert die Gottesgeburt zur weltlichen Geschichte, die sich im Imperium Romanum darstellt, durch Kontrast. Die Kontrastierung reicht bis in die Entstehungszeit des Neuen Testaments hinein, denn der nachträgliche Name „Evangelium“ für die neutestamentlichen Kernschriften war im Imperium Romanum geläufig für die Verlautbarung von Thronbesteigungen, politischen Taten oder militärischen Siegen der römischen Imperatoren, die im Kaiserkult als göttliche Heilsbringer verehrt wurden. Stellt das Weihnachtsevangelium die Heilsgestalt Jesu in Gegensatz zur Heilsgestalt des Stifters der Pax Romana, so tut der Name „Evangelium“ das Gleiche auf der Ebene des Texts. Er stellt das Evangelium der Jesusgemeinde gegen die Evangelien des Imperiums. Zugleich indiziert diese Kontrastierung aber auch einen Rückgriff auf geschichtlich Vorhandenes, wie er sich gleicherweise in den offenen und verdeckten Bezugnahmen der Weihnachtsgeschichte auf das Alte Testament – etwa Ochs und Esel oder die Geburt Jesu in der Stadt Davids – zeigt. Der Eintritt Gottes in die Geschichte bedeutet das Eingehen in die Punktualität und Kontingenz eines „Hier und Jetzt“, damit aber auch in Vorgegebenheiten, Konsequenzen, Traditionen, in deren Geflecht das Hier und Jetzt der Inkarnation ein Punkt ist. Diese Verflechtung reicht vom Nächstliegenden zum Fernsten, von der biblischen Geschichte Israels über die Machtverhältnisse in Palästina und die patriarchalische Gesellschaftsordnung im Volk des Bundes bis zu der großen zeitgenössischen Ausbreitung der Mysterienkulte im Mittelmeerraum, die sich dem Einzelnen zuwandten und ihm Heilsversprechen machten. Wie aber die Rezeption des Begriffs „Evangelium“ durch die junge Christengemeinde deutlich macht, sind alle Aneignungen von Vorhandenem durch Christus und seine Gemeinde zugleich mächtige Transformationen, qualitative Sprünge, die alles Übernommene wesentlich neu machen und verändern, so wie eben die frühchristliche Übernahme des Begriffs „Evangelium“ zugleich gegen die vorgegebene Begriffsverwendung polemisiert oder die Inkarnation Gottes im Neuen Testament zwar durch den Eintritt des alttestamentlichen Gottes in eine Geschichte mit seinem Volk vorbereitet ist, aber diesen Eintritt so weit hinter sich lässt, dass Israel bis heute unüberwindliches Ärgernis an der Gottessohnschaft Jesu Christi nimmt. Und alles, was für die Lebens- und Wirkungsgeschichte Jesu Christi bis in die fernste Kirchengeschichte und Christentumsgeschichte hinein zutrifft, fokussiert sich in der Wirkungsgeschichte der Bibel, hier speziell des Neuen Testaments als Offenbarung Gottes in Knechtsgestalt.

Der Gott des Neuen Testaments ist einer, der von Menschen erzählt werden will, aber auch einer, der seine Inkarnation vollendet, indem er dem menschlichen Erzählen von Gott den Stachel der Auslegungsbedürftigkeit und der Auslegungsnotwendigkeit einsenkt. Die Erzählung verlangt nach Auslegung. Die Auslegungsbedürftigkeit entsteht in erster Linie durch die erzählerische Gestalt der Darstellung. Sie entfaltet den Stoff Schritt für Schritt, im Wechsel von situativer Verbreiterung des Geschehens zur Handlungsraffung, in Zeitfolge, aber mit Abbrüchen, Übergängen und Neueinsätzen, im Verfügen der Erzählinstanz über den Ablauf, doch auch im Raumgeben der direkten Rede der Figuren, durchgehend mit vielen oft untergründigen Vor- und Rückverweisen. Der Anreiz zum Mitvollzug des Geschehens in den Schwingungsräumen der Emotion, Empathie und Imagination retardiert spannungserregend die Tendenz der Leser oder Hörer, auf den Punkt zu kommen, auf den die Sache hinausläuft. Spannungserregung und Spannungsauflösung sind etwas anderes als Problemstellung und Problemlösung; jene können auch vor- und außerbegrifflich stattfinden. Sie zielen auf Identifikation und Nachvollzug, auf Ergriffenheit mehr als auf Begreifen. Das gilt um so mehr, je mehr der Erzähler auf seine Deutungshoheit der Erzählung gegenüber verzichtet, aber es gilt selbst da, wo er deutend hervortritt, da ja – wie schon ausgeführt – der Erzähler aus der Fülle und Tiefe seiner Existenz schöpft und nicht nur aus seinem Bewusstsein, so dass explizite Erzählerkommentare auch in der säkularen Literatur keineswegs den letzten Deutungshorizont einer Erzählung bilden müssen. Das ist nun extrem der Fall der Evangelisten. Es wurde demonstriert, wie ihr Erzählen im Aufblick zu ihrem Thema, aus der Betroffenheit und nicht aus einem universalen Überblick erfolgt. Das Erzählen der Evangelien zittert, auch und oft gerade wo es knapp und sachlich bleibt, von untergründiger Ergriffenheit. Und sie erzählen nicht nur im menschlichen Ringen um Ausdruck, sondern unter der Last und dem Reichtum einer Botschaft, die weit über menschliches Begreifen hinausreicht.

Wir haben diese Eigenschaften des menschlichen Erzählens von Gott in den Evangelien als Ergebnis der Herablassung der göttlichen Offenbarung in die Knechtsgestalt analog zur Menschwerdung Gottes zu bestimmen versucht; und wir haben zugleich eingeräumt, dass diese Herablassung nicht nur die Bedingung der Möglichkeit der Offenbarung an die beschränkte Fassungskraft des Menschen ist, sondern zugleich auch ein Verfahren, das den Menschen besonders tief in das Gottesgeheimnis hineinziehen kann. Und dennoch versagt der Mensch immer wieder vor dem Anspruch, der noch in der Knechtsgestalt der Offenbarung im biblischen Erzählen liegt, wie er vor Jesus Christus versagt – angefangen bei der Verständnislosigkeit der Jünger gegenüber den Leidensvorhersagen über ihren Tiefschlaf in Gethsemane bis zur Verleugnung Christi durch Petrus und zum Verrat des Judas.

Die spezifischen Herablassungszüge der biblischen Erzählungen sind es nun, die letzten Endes, nach und mit der Hingabe an das Erzählte, auch die Anstrengung des Begreifens und des Begriffs verlangen. Das Verstummen der Passionserzählung zum nackten Faktenbericht ‚spricht', aber es spricht artikuliert nur durch eine Reflexion, die die vielsträngigen und vieldimensionalen Ausdrucksmomente des Texts zur Argumentation ordnet. Die begriffliche Arbeit der Exegese als zugleich literarischer Interpretation macht Unsägliches säglich, indem sie nicht nur die direkte Mitteilung in Worten und Sätzen, sondern auch das durch Komposition und Ausdrucksqualität der Rede indirekt Mitgeteilte oder Mitschwingende, den emotionalen und imaginativen Hintergrund der Rede ins Bewusstsein und in die Beschreibbarkeit hebt. Das gilt bis hin zum Mitteilungscharakter des Ungesagten – er entspricht der Bedeutung der hellen Flächen zwischen den Strichen für den Aufbau einer Zeichnung. Dieses Bedenken des Texts bedeutet aber nicht, die Geschichtserzählung komme in der Reflexion, und nur in ihr, zu einem dann endgültigen Ziel, und zwar darin, dass der Erzähltext am Ende in allen seinen formalen und inhaltlichen Momenten und deren Ineinandergreifen bis zum Grund erhellt und logisch umgesetzt wäre. Die Auslegung wäre dann die Krönung der Erzählung; in ihr käme sie zur Ruhe. Das Gegenteil ist der Fall. Die Erzählung verlangt nach einer unendlichen Auslegung durch die Zeiten hin, in der sie immer aufs Neue und mit immer neuen Erkenntnissen und perspektivischen Vorgaben ausgelegt wird und doch unausschöpflich bleibt und darin wiederum nach weiterer sich schärfender Auslegung verlangt. Immer wird das Bild den auslegenden Begriff erheischen; nie wird der Begriff das Bild ganz ausschöpfen können.

Die theologische Anstrengung des Begriffs vollzieht sich mit größtmöglicher Intensität schon vor der Niederschrift der Evangelien in den Briefen des Apostels Paulus, die in der Tradition der Jüngergemeinde gründen und sie begründen. Nach dem Vorliegen der Evangelien geht die theologische Bemühung durch die vielen Jahrhunderte der Kirchengeschichte in Breite und Eindringlichkeit weiter. Dabei vertieft und differenziert sich die Deutung der Offenbarung in der Arbeit vieler Generationen. Denn generell ist die zeitliche Entfernung des Betrachters von seinem Gegenstand nicht nur ein Hindernis des Verstehens; sie kann auch eine Förderung sein, weil durch die immer weiter fortschreitende Veränderung der historischen Perspektive und die Erweiterung des Blickfelds immer neue Aspekte am Betrachteten hervortreten. Dazu kann auch eine Neubegründung und Verfeinerung von Methoden der Auslegung beitragen; ist doch die Texthermeneutik als Wissenschaft ein Kind der Theologie, das massiv auf sie zurückgewirkt hat. Diese generelle Gegebenheit des Verstehens vorausgesetzt, hat speziell das Christentum im Lauf seiner Entstehung und Geschichte Begegnungen mit anderen, sogar weit entfernten geistesgeschichtlichen Möglichkeiten und Strömungen erfahren und sie in Auseinandersetzung mit ihnen selektiv aufgesogen. Sie haben zu seiner späteren Gestalt entscheidend beigetragen. Seit Thorleif Bomans Untersuchung „Das hebräische Denken im Vergleich mit dem griechischen" von 1952 ist es geläufig geworden, beide Kulturen des Geistes scharf gegeneinander abzusetzen. Das ist gewiss richtig, auch wenn inzwischen schon länger eine kritische Differenzierung dieser Kontrastierung eingesetzt hat. Die Paulinische Theologie zeigt, welche dialektischen Möglichkeiten speziell in der jüdischen Tradition angelegt sind, um die Paradoxien der Kreuzestheologie einzukreisen und mitteilbar zu machen. Aber schon im Johannesevangelium sind die Impulse des griechischen philosophischen Denkens unübersehbar, welche die Vertiefung der dem Evangelium immanenten johanneischen Theologie gegenüber den anderen Evangelien ermöglicht haben. Die kirchlichen Konzilien, die griechischen und lateinischen Kirchenväter, die Scholastik haben eine systematische Theologie und Dogmatik und eine Ausarbeitung der theologischen Begrifflichkeit hervorgebracht, die sich dem Zusammenstoß zwischen griechischem und jüdischem Denkstil verdanken.

Das hebräische Denken hat in der Konzentration auf eine geschichtliche Selbstbegründung Israels, in der Selbstdeutung Israels aus einer Geschichte mit Gott, in der immer neuen Umwälzung dieser Heilsgeschichte eine Tiefe der Personalisierung und Dynamisierung der Gottesvorstellung erreicht, die dem griechischen Denken unerreichbar war, und zwar unerreichbar gerade infolge der einzigartigen Leistung der Griechen, die Götterwelt mit ihren Geschichten dem Mythos und den verschiedenen öffentlichen Kulten der Poleis, schließlich der Dichtung zuzuweisen und die Arbeit des theoretischen Denkens als Philosophie von diesem Hintergrund abzukoppeln. Mag Platons Sokrates sterbend den Freunden den Auftrag geben, dem Heilgott Asklepios einen Hahn zu opfern, mit dem griechisch-philosophischen Gotteskonzept eines unbewegten Bewegers hat das doch wohl nichts zu tun, und auch die praktischen Richtungen der griechischen und späteren römischen Philosophie sehen den Menschen zwar unter einer göttlichen Macht, aber Gott wohlgefällig durch eine Selbstbestimmung, in der er in eine Gesetzmäßigkeit der Welt einstimmt. Es liegt auf der Hand, dass das Substanz- und Kategoriendenken der in Griechenland entstandenen und in Rom rezipierten Philosophie unendliche Schwierigkeiten bei der logisch-begrifflichen Fixierung des Gottesgedankens Jesu Christi haben würde. Schon Paulus muss erfahren, dass die Theologie vom Kreuz den Juden ein Ärgernis, aber den Griechen gar eine Torheit ist. Im Übrigen tauchen die Schwierigkeiten der logisch-begrifflichen Explikation der christlichen Botschaft in immer neuer Gestalt in der systematischen Theologie bis heute auf. Trotzdem darf nicht verkannt werden, dass erst die logisch-begriffliche Schärfung der Philosophie zentrale christliche Aussagen möglich gemacht hat – beginnend beim johanneischen Theologoumenon vom Wort, das Fleisch wird, bis hin zum Konzept des späten Schelling von der Nicht-Konstruierbarkeit, weil historischen Kontingenz der Wahrheit. Christus ist Schellings dafür vorbildliches Wahrheitsereignis. Ohne die Ordnungsmacht des griechischen und lateinischen Geistes wäre vielleicht das Christentum in das jüdische Denken zurückgeschlungen worden.

Ein Gelingen, dem ein Moment des Scheiterns innewohnt

Die Offenbarung Gottes im Evangelium ist eine Offenbarung in einer Knechtsgestalt, durch die Offenbarung erst möglich wird. Die Geschichte des Evangeliums in der Kirche ist Aneignungsgeschichte, und in ihr beansprucht die Theologie mit Recht den zentralen Platz, wenn es denn richtig ist, dass das Evangelium ausgelegt werden will. Zur Auslegung gehört Abstandnahme, um dem argumentativen Denken Raum zu schaffen, in dem es Thesen bilden und erproben, Verstehensmodelle und Hypothesen ausformen und auf ihre Tragweite befragen kann. Zur Abstandnahme gehört die Öffnung zur kritischen Rezeption der geistesgeschichtlichen und kulturellen Strömungen und zur Auseinandersetzung mit ihnen. Ein Bibelverständnis, das sich einkapselt und so ängstlich am Wortlaut klebt, dass es in ihm verschwindet, könnte keine aneignende Auslegung, sondern nur eine Paraphrase ergeben. Eine Nacherzählung der Geschichte des menschgewordenen Gottes, welche die Bibel erzählt, kann nur im erbaulichen Kunstgewerbe enden. Die Bibel will ausgelegt, nicht nacherzählt sein. Die Auslegung impliziert aber auch eine Entfernung vom Text, die vom *Geschehen* Gottes, dem *Ereignis* der Menschwerdung abstrahiert und es dadurch wiederum verfehlt. Explizite Theologie läuft der Geschichte, die die Evangelien im Rückblick erzählen, noch einmal hinterher, auch wenn sie ihr, wie bei Paulus, entstehungsgeschichtlich vorhergeht. Sie darf, die Evangelien vorausgesetzt, nicht den grundsätzlichen

Sachverhalt überspringen, dass der Text in seiner unerbittlichen Weise, eine Geschichte und nichts als eine Geschichte, und sei es die des Gottessohns, zu erzählen, letzte Aussagen macht und auch verweigert.

Diese Verweigerung ist nicht eine Abweisung, sondern eine Herausforderung des Weiterdenkens, ist durch die Geschichte von Theologie und Kirche hindurch ein Inzitament von Theologie gewesen und wird und will es bleiben. Das in seinem Bewusstseinshorizont begrenzte, aber grandiose biblische Erzählen von Leiden, Tod und Auferstehung Jesu Christi enthält in allerhöchstem Maß den Anstoß, alle Kräfte des Empfängers der Botschaft, auch sein konstruktives Denken, auch sein reflexives Vermögen, auch sein historisch und individuell relatives Verstehen zur letzten und höchsten Anstrengung einzusetzen. Das leistet Theologie – in Knechtsgestalt; zunächst als Hermeneutik, die hauptsächlich die exakte begriffliche Erfassung des Texts in seinem Wortlaut, seinem Zusammenhang und seiner Struktur anstrebt, Struktur hier verstanden als Baugesetz, das sich nach Form und Inhalt auskristallisiert und deren „geeinte Zwienatur“[16] begründet. Darüber hinaus aber ist ein Übergang zur systematischen, philosophisch geschulten Theologie erforderlich, welche – gleichfalls in Knechtsgestalt – die hermeneutischen Einzelergebnisse am biblischen Text zu übergreifenden argumentativen Aussagen zusammenzufassen versucht. Sie sollen einerseits mit möglichst geringem Komplexitätsverlust zentrale Offenbarungskerne konstituieren und zu Gesamtvorstellungen synthetisieren; rückwirkend aber auch das begriffliche Instrumentarium der Hermeneutik bereichern und die Kompatibilität der Einzelergebnisse herstellen. Die biblische Erzählung eröffnet ein Wechselspiel der Erzählung und Auslegung von der Interpretation und Reflexion der Textgestalt bis hin zur theologischen Konstruktion, das le-

[16] Goethe: Faust II. Vers 11962.

bendiges Christentum ausmacht. Es gleicht dem Wechselspiel, das sich in der Kirche darstellt: ein Gesamtgeschehen im responsorischen Verhältnis von Wortverkündigung, liturgischer Feier, gelebtem Glauben, praktisch geübter Nächstenliebe, Amt, Wissenschaft und Gemeinde. Alles zusammen bewirkt ein Gelingen im Verfehlen, das der Gnade und Vergebung bedarf.

Theologie kann weder allumfassend noch endgültig sein. Trotzdem wird ihr Provisorisches sich vom Provisorischen des Erzählens unterscheiden. Das Erzählen konkretisiert und individualisiert. Theologie konstruiert und verallgemeinert und steht damit seit alters in der Nähe der Philosophie, aber ihre Abstraktionen können und dürfen sich mit einer mittleren und situativen Reichweite zufrieden geben, die eine Ablösung vom grundsätzlich pragmatischen Charakter der biblischen Gottesoffenbarung und ihrer Konsistenz in ihrem pragmatischen Charakter vermeidet. Die Wahrheit des Pragmatischen und Individuellen muss hermeneutisch zur Erscheinung gebracht werden, durch Textauslegung; aber diese wäre blind, wäre sie sich nicht ihrer Angewiesenheit auf das Instrumentarium und die Erkenntnismodelle bewusst, welche die Philosophie von der Antike bis zur Gegenwart, von Platon und Aristoteles bis zu Emmanuel Lévinas entwickelt hat. Sie kann nur so subtil sein, wie sie von Philosophie zehrt. Sie kann aber auch nur so ‚geistlich' sein, wie sie unaufhaltsam zum Text selbst zurück will, um sich von ihm in Frage stellen zu lassen. Die Trinitätsvorstellung, die Kreuzestheologie, die Inkarnationstheologie etwa finden sich so nicht in der Bibel, sondern sind ein Produkt der systematisierenden Theologie. Trotzdem scheinen sie mir ein unentbehrlicher Schlüssel für die Auslegung des Neuen Testaments zu sein. Und dennoch: Trinitätslehre, Zwei-Naturen-Lehre, Lehre von der Selbstzurücknahme Gottes, vom Leiden Gottes und Leiden an Gott, die Denkansätze der Zulassung und der Providenz, noch die tiefsinnigsten Theologumena, welche die Theologiegeschichte hervorgebracht hat, können nur facettiert das Ganze des Heilsgeschehens in den Blick nehmen und es fragmentiert begrifflich auf Konsequenzen ausschöpfen, wobei wohl jedes der so entstandenen Konstrukte, zur letzten Konsequenz getrieben, offene oder verdeckte Widersprüche zu anderen in Kauf nehmen muss. Sowohl der Wille zum Letzten wie die Einsicht, es nicht erreichen zu können, gehören zu diesem Unternehmen. Kirche, Dogmatik, Exegese sind notwendig, sie müssen sich immer wieder daran abarbeiten, die Ungeheuerlichkeit des neutestamentlichen Gottesgeschehens dem Menschen so geheuer zu machen, dass es ihn zugleich erschüttert und in sich hineinzieht. Sie müssen das Undenkbare denkbar machen und zuletzt doch, nach aller Arbeit des Denkens und Sprechens, verstummen vor dem, was da gesagt und geschehen ist, so wie die Predigt des Täufers bei Grünewald im Isenheimer Altar schließlich terminiert in der enormen Geste des aufs Kreuz zeigenden Zeigefingers.

Eines jedenfalls darf nicht geschehen: Das Imponierende der Denkarbeit der Theologie in ihrer Wechselbeziehung zur Philosophie darf nicht den zeitlichen und sachlichen Primat der Bibel vergessen lassen und zu der Überzeugung führen, erst das in der Theologie „aufgehobene“, kritisch reflektierte und begründete Evangelium sei die eigentliche Botschaft, wogegen ich zum Abschluss darauf bestehen möchte, dass die Bibel ihrerseits immer wieder auch die theologische Denkarbeit grundzulegen und aufzusprengen da ist, weil dem Evangelium theologisch nur nachgedacht, nicht vorgedacht werden kann. Schließlich hat Gott die Evangelisten zu seinen vornehmsten Werkzeugen gemacht, denn er hat sie befähigt, nicht in dem Widerspruch ‚Reden von Gott ist schon Kreuzigung Gottes' steckenzubleiben. Er hat sie vielmehr in wunderbarer Weise begabt, durch Hingabe an ein alle Grenzen sprengendes Geschehen mit Vollmacht und doch in aller menschlichen Gebrechlichkeit ein Evangelium, eine Erlösungsbotschaft zu formulieren. Alle fruchtbare Arbeit an der

Botschaft der Bibel hat, und sei es von ferne, ein wenig Anteil am Inspirations- und Offenbarungsgeschehen, das in der Bibel Text geworden ist. Insofern geht es durch die Zeiten. Aber alle Arbeit an der Botschaft der Bibel kann doch nur ein Gelingen sein, dem ein Scheitern innewohnt, und in diesem gelingenden Scheitern sind und bleiben Exegese und systematisierende Theologie wechselseitig immer aufs Neue aufeinander hingewiesen – in der Einsicht, dass jede von beiden Bemühungsweisen die andere verlangt und beide an der Herrlichkeit der Offenbarung in Knechtsgestalt, aber eben auch an der immerwährenden Kreuzigung des Verherrlichten teilhaben. Wie beim Steinbogen die konisch zugeschnittenen Einzelsteine Halt durch die Schwerkraft gewinnen, die jeden Stein für sich stürzen ließe, aber im Halbrund alle aneinander presst, so brauchen Exegese und systematisierende Theologie mit ihren je spezifischen Leistungen und Verfehlungen im Bezug auf den Text einander wechselweise, um sich gegenseitig Halt zu geben. Weder der Erzähler noch der Theologe noch der Exeget sitzt zur Rechten Gottes. Christus ist für die Menschen am Kreuz gestorben und auferstanden und holt sie zu sich, aber durch alles, was Menschen tun und sind, selbst durch ihre großartigsten Manifestationen, zieht sich auch die Spur einer Teilnahme an der Kreuzigung, durch die sie gerettet werden. Es ist Gottes Gnade, dass das Richtige durch das Falsche geschieht. Dass in der Entscheidung Gottes zu Kreuz und Kreuzestod um unsertwillen, die im Offenbarungsmodus des Evangeliums wiederkehrt, zugleich die Eitelkeit und Nichtigkeit des Menschen erduldet sind, die dieser aus eigener Kraft nicht einmal in Theologie, Textarbeit, Predigt und Gottesdienst restlos hinter sich lassen kann, sollte jeder gottesdienstlichen, theologischen und interpretatorischen Aussage Demut verleihen. Das gilt besonders für so vorläufige Überlegungen wie diese, die weniger Ergebnisse vorlegen können als eine Fragerichtung vorschlagen, in der weiterzugehen mir verwehrt ist.

Gotteslob aus dem Mund der Unmündigen

Gottes Offenbarung in Knechtsgestalt durch Menschen, die ihn verdunkeln, indem sie ihn offenbaren, und die ihn dadurch zugleich verherrlichen, indem sie so an den Tag bringen, dass Gott die Menschen bis zur Selbsthingabe liebt – ein Mantelzipfel dieser Dialektik wird greifbar in Christi besonderer Neigung zu den Kindern. In ihrer Offenheit, Liebesfähigkeit und Bedürftigkeit sind sie ihm Bilder, aber auch Vorbilder des Menschen überhaupt; sie sind schon da, wohin der erwachsene Gläubige erst kommen muss, in der unbedingten Haltung des Empfangens. Hier eröffnet sich eine Spielart der neutestamentlich durchgehenden Motivik von den armen Reichen, deren vermeintlicher Reichtum an selbst geleisteter Gesinnung und Praxis der Frömmigkeit sie von Gott entfernt, wogegen die Armen reich sind, wenn sie mit leeren, aber offenen Händen, im Bewusstsein ihrer Gnadenbedürftigkeit und schlechthinnigen Abhängigkeit vor Gott treten. Die Kinder kommen mit nichts als sich selbst zu Gott, weil sie so sind; die Erwachsenen können werden *wie* die Kinder. Sie werden es, indem sie ihrer Unwissenheit und Bedürftigkeit bewusst werden, und Jesus weist sie auf diesen Weg, indem er sie auf die Kinder verweist.

Eine der großen Situationen, in deren Zusammenhang sich dieses Motiv entfaltet, ist als Vollendung des Einzugs in Jerusalem Jesu Tempelreinigung (Mt 21,12–17). Sie ist die vollmächtige symbolische Hinwegfegung aller eingefahrenen Regeln von Geben und Nehmen, Opfern und Gaben, menschlicher Leistung und göttlicher Gegenleistung in der Beziehung des Menschen zu Gott, die in Israel eine Strömung der offiziellen Frömmigkeit waren. Die Vertreibung der Geschäftsleute der Gnadenvermittlung ist die messianische Reinigungshandlung, die Jesu katastrophische und doch siegreiche Königsherrschaft am Kreuz im Zeichen des Passah-Fests in der heiligen Stadt Jerusalem eröffnet. Im Anschluss stehen Heilungswunder an Blinden und Lahmen, die zum charismatischen Königshandeln gehören. Und Kinder sind es, die in die wohl allgemeine Schreckensstarre über Jesu Gericht über die Frömmigkeitskrämer mit dem Huldigungsruf „Hosianna dem Sohn Davids" einbrechen (Mt 21,15). Für die Hohenpriester und Schriftgelehrten ist das Beifall aus der falschen Richtung, der Beweis für die Verwerflichkeit und Abwegigkeit von Jesu Handeln. „Hörst du auch, was diese sagen?" (21,16) Ihr Lob, meinen sie, verkündet deinen Frevel! Jesus antwortet dem hohepriesterlichen Hohn über den Beifall der Törichten und Unwissenden wie so oft mit einem Zitat aus dem Alten Testament, hier Psalm 8, Vers 3: „Habt ihr nie gelesen: ‚Aus dem Munde der Unmündigen und Säuglinge hast du dir Lob bereitet'?" (Mt 21,16) Wie gleichfalls oft ist das Zitat Jesu leicht umgebogen; der Psalmtext lautet bei Luther aus dem Hebräischen übersetzt: „Aus dem Munde der jungen Kinder und Säuglinge hast du dir eine Macht zugerichtet um deiner Feinde willen." Jesus mildert das Drohpotential der Aussage ab (die Hohenpriester und Schriftgelehrten dürften es trotzdem gehört haben) und betont die Huldigung, die allerdings durchaus auch als Akklamation zum königlichen Herrschaftsanspruch zu verstehen ist. Aber hervorgehoben ist in Jesu Zitierweise der Lobpreis der gerechten Macht des Messiaskönigs.

Seine äußerste Sinnfülle gewinnt dieses Herrenwort an dieser Stelle allerdings erst durch eine sprachimmanente Genialität der Lutherübersetzung. Das alte deutsche Wort „unmündig", das Luther verwendet, hat weder im Hebräischen noch im Griechischen und Lateinischen eine Entsprechung. Es meint durchaus auch ‚schwach, unfähig, machtlos'. Hauptsächlich aber ist ‚unmündig' im Deutschen ein Wort der Rechtssprache, eine Bezeichnung für den Minderjährigen.[17] Die biblischen Herkunftssprachen verwenden Wörter anderen Zusammenhangs für die

[17] Vgl. Artikel ‚unmündig' im Deutschen Wörterbuch von Jacob und Wilhelm Grimm. Bd. 24. Lizenzausgabe München 1984.

Kennzeichnung des jungen Menschen, der noch nicht selbständiges Rechtssubjekt ist, für den also andere vor Gericht das Wort führen müssen. Den germanischen Sprachen ist es vorbehalten, das bildkräftige Wort für die Sache zu erfinden: Das Kind kann im Rechtssinne noch nicht sprechen. Es hat keinen Mund; es ist unmündig. Was es sagt, hat vor Gericht weder Gewicht noch Geltung. Erst mit Luthers Wahl dieser Übersetzungsvokabel tritt die Tragweite und Dialektik des Jesusworts mit einem Schlag hervor, man könnte sagen, der Geist der Sprache selbst wird hier zum Vehikel des Heiligen Geistes, zum Verwirklichungsort der Inspiration: Jesus muss erst Deutsch reden, damit der „Mund der Unmündigen" entsteht, sich öffnet, spricht, das Lob Gottes und seiner Machtfülle anstimmt. Auch das ist wiederum die Wendung eines Motivs, das biblisch breit ansetzt und zentral wird in der Theologie der Kirchen: Der Mensch kann aus eigener Kraft vor Gott nicht bestehen. Gott selbst muss für ihn vor Gott eintreten. Wie der Unmündige vor dem weltlichen Richter ist der Mensch prinzipiell unmündig vor Gott. Das ist es eben, was die geistlich Armen ahnen und wofür die vermeintlich Gerechten in ihrer Selbstgerechtigkeit blind sind. „Ich preise dich, Vater, Herr des Himmels und der Erde, weil du dies den Weisen und Klugen verborgen hast und hast es den Unmündigen offenbart." (Mt 11,25; vgl. Lk 10,21)

Beim Hosianna-Ruf der Unmündigen entfaltet sich nun auch der Offenbarungsaspekt dieser Unmündigkeit des Menschen vor Gott. Der Mensch kann vor Gott nicht nur nicht gerecht sein; er kann aus eigener Kraft auch nicht Gottes Macht und Herrlichkeit verkündigen. Und nicht nur das: Es ist Gottes Wille und Tat, dass dem Menschen gerade in seiner Unmündigkeit der Mund aufgeht, um Gott zu loben. Gott selbst ist es, der das Unmögliche möglich machen und durch den Mund der Menschen reden will, die doch, was Lob und Erkenntnis Gottes anlangt, Unmündige, Mundlose sind und – sich selbst überlassen – bleiben würden.

Auf kleinstem Raum greifen hier Worttheologie, Schöpfungstheologie und Eschatologie ineinander. Gott schöpft sich seine Welt, seine Lebewesen, seine Dinge ihm selbst zur Antwort; der Mund dieser Antwort aber ist durch Gottes Gnade der Mensch. Seine Antwort ist das Wort, zu dem Gott ihm den Mund öffnet, und ohne diese Öffnung bliebe er als Mundloser stumm. Gott selbst bereitet sich sein Lob, indem er die Mundlosen zu diesem Lob mündig macht.

Das Offenbarungswort der Evangelisten, die letztendliche Menschwerdung Gottes im menschlichen Offenbarungswort von Gott ist die äußerste Auswirkung des liebenden und sehnsüchtig Liebe hervorrufenden Gottes, in den am Ende heimgeholt zu werden wir berufen sind. Alle Negativcharakteristika, die bisher zur Charakterisierung des Menschen als Offenbarungsträger verwendet worden sind, werden zum Moment der Fülle in dem durch die Lutherübersetzung zu seiner Pointe gekommenen Jesuswort: „Im Munde der Unmündigen und Säuglinge hast du dir Lob bereitet." Nichts so inadäquat wie das Sprechen des Unmündigen, nichts so bedürftig und hilflos wie die Säuglinge in ihrer radikalen Angewiesenheit auf Nahrung, Wärme, Zuwendung. Gott selbst muss diesen Hilflosen sein Lob eingeben, andere Wortführer und Fürsprecher hat er dafür nicht; aber gerade diese Unmündigen, diese Menschen will er als Antwortende, Sprechende und Lobende, und gerade ihr in Bezug auf den zu lobenden Gott prinzipiell unzulängliches, dissonantes, von Eitelkeit, Irrtum und Sünde nicht freies Gestammel ist die höchstmögliche Weise, die Einheit der Allmacht und All-Liebe Gottes zu Wort zu bringen. Und indem wir all das in aller Unzulänglichkeit und Verfehlung verlauten, dürfen wir etwas Großartiges sein: die Unmündigen, denen gesagt ist und die wissen können, dass Gott sie als Unmündige zum Mund der Offenbarung berufen hat. Vom stotternden Mose über den leicht verführbaren Aaron bis zu den Hosianna-rufenden und applaudierenden

Kindern, die Zeugen und Akklamierende der Tempelreinigung Jesu sind, bis zur schier endlosen Reihe all derer, die durch die Jahrhunderte in scheiternd-gelingender Hingabe an Gottes Wort und seiner Offenbarung arbeiten, bilden wir eine Kette, die nicht abreißen darf. Wir sind die Kette derer, die wissen dürfen, dass sie als Unmündige zur Sprache berufen sind. Denn im Mund der Unmündigen hat er sich sein Loblied bereitet.

Und wieso hat Gott darin ein eschatologisches Zeichen gesetzt? Weil ‚verkehrte Welt' seit alters ein Zeichen der messianischen Erfüllung der Zeiten ist. Sie wird verkehrt zum Heil. Selig werden in der Bergpredigt die Armen und Leidtragenden gepriesen. Was antwortet Jesus auf die Anfrage des Täufers, ob er der Verheißene ist? „Blinde sehen und Lahme gehen. Aussätzige werden rein und Taube hören. Tote stehen auf und Armen wird das Evangelium gepredigt." (Mt 11,5) In diesen Zusammenhang messianischer Zeichen gehört letztendlich auch das von Jesus abgewandelte Psalmwort von den Unmündigen, in denen sich Gott sein Lob bereitet, den Mundlosen, durch die Gott spricht. In Jesus Christus ist das Himmelreich schon mitten unter uns, aber nur als Samenkorn, verborgen-offenbar, und so ist hier und heute das Kreuz als Verbrechergalgen, der zum Herrschaftsthron wird, eschatologisches Superzeichen der richtigen Welt, die sich in der verkehrten ankündigt, so wie sich Gott in uns Unmündigen schon sein Loblied bereitet hat. Wir müssen als Offenbarungsträger scheitern, aber wir dürfen wissen, dass unser Scheitern ein Gelingen und unsere Unmündigkeit unser Mund ist. Denn die Gegenwart ist schon die kommende Zukunft.

Nachwort

von Karl Kardinal Lehmann

Dichtung und Theologie gehören schon ganz früh zusammen. Bevor „Theologie" die wissenschaftliche Reflexion über religiöse Wahrheit meinte, war sie in der Antike ganz in der Nähe erzählender und rühmender Rede der Dichter verwurzelt. Auch in späteren Zeiten gab es immer wieder eine fruchtbare, manchmal auch streitbare Beziehung zwischen beiden. Schließlich lässt sich nicht übersehen, dass große und weite Teile der Bibel hohe Dichtung sind. Moderne Entfremdung konnte diese untergründigen und verborgenen Beziehungen nie ganz auslöschen.

Da ich auf dem Gymnasium in Sigmaringen in Prof. Dr. Rudolf Nikolaus Maier einen herausragenden Deutschlehrer hatte[1] und in der Berufswahl zunächst zwischen Theologie, Philosophie und Germanistik schwankte, blieb mir ein großes Interesse für die Dichtung.

I.

Während meiner Zeit als akademischer Lehrer an der Albert-Ludwigs-Universität in Freiburg i. Br. (1971–1983) lernte ich bald den Freiburger Germanisten Gerhard Kaiser näher kennen. Im Rahmen eines freiwilligen Arbeitskreises unter den Geisteswissenschaftlern trafen wir uns monatlich während des Semesters in den 70er Jahren zum privaten interdisziplinären Austausch, der umso notwendiger wurde, je weniger dieser in

---

1 Vgl. seine Werke: Das moderne Gedicht. Düsseldorf 1959, ^{3}1963; Paradies der Weltlosigkeit. Stuttgart 1964; Nachricht von draußen. Sigmaringen 1988 u.a.

der Universität selbst stattfand. Gerhard Kaiser gehörte zu den Initiatoren und Motoren dieses Kreises.

Es gab aber auch inhaltlich intensive Berührungen, insofern bereits die Dissertation und die Habilitation Gerhard Kaisers von der Ausstrahlung biblischer und christlich-theologischer Motive in die Geistesgeschichte des 18./19. Jahrhunderts handelten.[2] Immer wieder befragt Kaiser das 18. Jahrhundert, insbesondere die Weimarer Klassik, sowie die benachbarten Epochen nach ihrer Gegenwartsbedeutung. So verdanken wir ihm viele Studien über Goethe und Schiller, über Andreas Gryphius und Gottfried Keller. Ein späteres Arbeitsfeld Gerhard Kaisers ist die Lyrik, das die Früchte eines dreibändigen Grundrisses in Interpretationen hervorbringt.[3] Aber auch die moderne Literatur beschäftigte ihn immer wieder.[4]

Gerhard Kaiser verkörpert auch in seiner eigenen Existenz und Biografie die Herausforderungen der Gegenwart. Er wurde am 2. September 1927 in Tannroda bei Weimar geboren, war noch Augenzeuge der Schrecken und Greuel am Ende des Zweiten Weltkriegs, geriet in den Sog des Marxismus, studierte nach einer Theaterausbildung Germanistik, Geschichte und Philosophie in Berlin, ging schließlich in den Westen und vertiefte seine Studien in München, wo er 1956 bei Franz Schnabel im Fach Geschichte

---

2 Pietismus und Patriotismus im literarischen Deutschland. Ein Beitrag zum Problem der Säkularisation. Wiesbaden 1961, Frankfurt ²1973; Klopstock: Religion und Dichtung. Gütersloh 1963, Kronberg ²1975; Aufklärung, Empfindsamkeit, Sturm und Drang. München 1976, ⁷2007 (UTB 484).

3 Geschichte der deutschen Lyrik von Goethe bis zur Gegenwart: Ein Grundriss in Interpretationen, 3 Bände. Frankfurt ²1996; Augenblicke deutscher Lyrik. Gedichte von Martin Luther bis Paul Celan interpretiert. Frankfurt 1987, ⁴1991.

4 Z.B. Günther Grass: Katz und Maus. München 1971.

promovierte.[5] Danach wechselte er in die Germanistik (Habilitation 1962 bei Friedrich-Wilhelm Wentzlaff-Eggebert in Mainz).

Die Flucht in den Westen und der Bruch mit dem Marxismus waren eine erste Krise im Leben Gerhard Kaisers. Er stellte sich später – 1963 wird er Professor in Saarbrücken – wiederum den Herausforderungen der Gegenwart. Davon zeugen vor allem die Studien zur Kritischen Theorie, besonders zu Walter Benjamin und Theodor W. Adorno. Unermüdlich setzte er sich – wie wenige andere – mit den Fragen und Forderungen der Studentenunruhen auseinander, ist aber enttäuscht über das Niveau der „Kulturrevolution".[6] Die Zeit als akademischer Lehrer in Freiburg (ab 1966), wo er trotz zahlreicher anderweitiger Berufungen bis zu seiner Emeritierung im Jahr 1990 blieb, verschaffte ihm ein großes Ansehen innerhalb und außerhalb der Universität. Immer stärker ging es ihm vor allem um das Verhältnis von Literatur und Leben.[7]

Der Historiker Gerhard Kaiser hatte immer einen großen Sinn für die geschichtliche und gesellschaftliche Einbettung der Literatur. Die Schule der Interpretation (Emil Steiger, Hugo Friedrich) gab ihm die Instrumente für einen strengen Umgang mit den Texten. Jeden Text betrachtete er unbeschadet seiner historischen und kontextuellen Bedingtheit als ein Individuum. Die Literatur erschien so als ein einzigartiges, sehr differenziertes Medium der Durchdringung und der Deutung der Welt im Bewusstsein einer Zeit. Dafür bereicherte Gerhard Kaiser seine Sicht in einer ein-

---

[5] Vgl. die Erinnerungen Gerhard Kaisers: Rede, dass ich dich sehe. Ein Germanist als Zeitzeuge. Stuttgart 2002.

[6] Vgl. außer dem zweiten Teil der genannten Erinnerungen „Rede, dass ich dich sehe" vor allem die Sammlung: Antithesen. Zwischenbilanz eines Germanisten 1970–1972, Frankfurt 1973; Benjamin. Adorno: Zwei Studien. Frankfurt 1974.

[7] Vgl. Bilder lesen. Studien zu Literatur und bildender Kunst. München 1981; Wozu noch Literatur? Über Dichtung und Leben. München 1996.

gehenden Diskussion mit der Psychoanalyse, der Kritischen Theorie, dem Poststrukturalismus. Zu dieser Klärung suchte er auch geradezu die Kontroversen zum Beispiel mit Hans Blumenberg, Hans Robert Jauß und Jan Assmann.

II.

Gerhard Kaiser richtete von Anfang an seinen Blick auf die Ausstrahlung des Christentums in die moderne säkulare Kultur. Sein Interesse richtete sich immer schon auf die kaum zu überschätzende Bedeutung biblischer und christlich-theologischer Elemente, selbst in der antichristlichen Literatur. Die Bibel und die antike Mythologie waren immer schon die großen Bildarsenale für Kunst und Literatur. Mehr und mehr näherte sich Gerhard Kaiser auch der Wahrheit des christlichen Glaubens, respektierte zugleich aber die Differenz zwischen Wissenschaft und Religion. Die Spannung zwischen beiden wurde für ihn zur elementaren Herausforderung. „Gerade weil ich im Christentum für mich die Wahrheit gefunden habe, die mich frei macht, ist mein Blick frei und weit geworden, auch in der Wissenschaft. Ich kann meinen Blick ruhig auf das Fremdartigste richten, ich kann noch der Resonanz des Befremdlichsten in mir nachspüren, ohne ihm Macht über mich einzuräumen. Ich lasse es gelten: für sich, nicht für mich, als Lebensartikulation, nicht als Lebenswegweiser.“[8]

So ist es nicht zufällig, dass Gerhard Kaiser später wieder und nun intensiver die Thematik der Ausstrahlung biblischer und christlich-theologischer Motive aufgreift und vor allem an nicht-christlicher Dichtung bis in unsere Zeit verfolgt. Dies geschieht eindrucksvoll in dem Buch „Christus im Spiegel der Dichtung. Exemplarische Interpretationen vom Barock bis zur

[8] Rede, dass ich dich sehe, 152f.

Gegenwart".[9] Hier muss man Gerhard Kaisers sorgfältige, dialektische Bestimmung von Wissenschaft und Glauben beachten. Aufgrund seiner vielen Studien zur Wirkungsgeschichte der Bibel kann er sagen: „Ich schrieb über den Pietismus, las Luthers Bibelübersetzung und fand den christlichen Glauben. Eine Lebensentscheidung aus der wissenschaftlichen Arbeit."[10] Aber er vermischt beides nicht miteinander. Darum kann er erklären: „In meinem Fach haben mich immer die säkularen Reflexe des Christentums besonders interessiert – im Sinne einer Selbstbestimmung am Gegenbild. Nie habe ich versucht, meinen Glauben zum Hauptleitfaden der Interpretation zu machen."[11] Diese Dimension wird im Lauf der Jahre bei Gerhard Kaiser immer wichtiger.

Dies zeigt sich z. B. in der Auslegung des Buches Hiob, die der Zusammenarbeit mit einem Alttestamentler an der Universität Basel entstammt. Es erscheint als große Dichtung, die eng zusammenhängt mit dem hohen theologischen Rang dieser Schrift.[12] Gerhard Kaiser hat im Jahr 2008 dreißig Studien zur Theologie, Literaturwissenschaft und Geistesgeschichte unter dem Titel „Spätlese"[13] versammelt. Hier ist besonders gut zu erkennen, wie die Analysen und Interpretationen verschiedener Felder ineinandergreifen, zum Beispiel zu den literarischen Strukturen in

---

9 Freiburg i. Br. 1997, ^{2}1999.

10 „Selbstbestimmung am Gegenbild". Interview, in: Badische Zeitung vom 27.3.2009, S. 12.

11 Ebd.

12 G. Kaiser/H.-P. Mathys, Das Buch Hiob. Dichtung als Theologie = Biblisch-Theologische Studien 81. Neukirchen 2006, erschien auch unter demselben Titel im Verlag der Weltreligionen (Taschenbuch 16). Frankfurt 2010.

13 Tübingen 2008 (dort auch umfangreiche Bibliografie: 497–501). Eine ungedruckte Gesamtbibliografie findet sich unter: http://www.ub.uni-freiburg.de/index.php?id=2769, eine aktuelle Auswahlbibliographie im Internetlexikon Wikipedia: http://de.wikipedia.org/wiki/Gerhard_Kaiser_(Germanist).

der Bibel, dem Gewissen in der Bibel und der antiken Tragödie, der Polarität von Mann und Frau in der modernen Literatur und schließlich in der großen Studie über die Freiburger Universitätsdevise „Die Wahrheit wird euch frei machen“ (Joh 8,32). Durch seine enorme und selbstständige Kenntnis von Literatur und Theologie vermag Gerhard Kaiser beispielsweise die Sonderstellung Patrick Roths in seiner Christus-Trilogie herauszuarbeiten, indem er dessen Werk gegen traditionelle christliche Dichtung, aber auch gängige säkularisierende Transformationen religiöser Formen absetzt.[14]

Besonders im Lauf der letzten Jahre steigert sich diese Beschäftigung mit Bibel und Christentum noch einmal: „Ich habe erst als Student und später Professor der Philosophischen Fakultät zum Christentum gefunden und deshalb immer tiefer das Bedürfnis verspürt, mein Christentum und meine Wissenschaft nicht Rücken an Rücken zueinander stehen zu lassen, sondern in ihrem Verhältnis zu reflektieren. Eine Wende meiner Blickrichtung kam mit der Verleihung der Ehrendoktorwürde der Evangelisch-Theologischen Fakultät der Universität Tübingen 1995. Vorher lag einer meiner Forschungsschwerpunkte auf der Rezeption und Umfunktionierung biblisch-theologischer Vorstellungen und Bilder im säkularen Bereich der Ideengeschichte und vor allem in dem der säkularen Dichtung. Meine Fragestellung griff also in Bibel und Theologie aus, war aber in letzter Instanz literaturwissenschaftlich und historisch. Danach hat sich mein Blick immer mehr umgekehrt, und mir ging die theologische Tragweite literaturwissenschaftlicher Kategorien auf. Mir wurde klar, dass die literarische Form des Erzählens biblisch-theologische Aussagen nicht nur einkleidet, sondern hervorbringt, die anders als erzählend nicht gemacht werden können. Das Erzähltsein und das Erzählen des biblischen Jesus Christus ist mir zur letz-

---

14 Resurrection. Die Christustrilogie von Patrick Roth. Der Mörder wird der Erlöser sein. Tübingen 2008; vgl. auch Spätlese, 175–197.

ten Konsequenz und zum Ausdruck der Inkarnation geworden. Der Wahrheitsanspruch des Christentums erfüllt sich mir in den von Menschen erzählten Geschichtsbüchern der Bibel."[15] Die beiden Texte dieses Buches ergänzen sich aus entgegengesetzten Perspektiven: Der eine Text stößt vom gelebten Leben her auf das Problem der Wahrheit „Kann man nach der Wahrheit des Christentums fragen?", der andere Beitrag geht vom Appell der christlichen Botschaft aus: „Der Wahrheitsanspruch des Christentums".

Gerhard Kaiser bestimmt hier noch näher und persönlicher seinen Standort: „Ich bin ein untersuchend suchender Christ ... Als von einem Evangelium Angesprochener antworte ich: Aber ich habe weder das erste noch das letzte Wort ... Mein Nachdenken ist das Denken eines Wissenschaftlers, der von Profession kein Theologe ist, aber sich zu einem theologisch strukturierten Christentum bekennt."[16] Der Anspruch Jesu Christi, die Wahrheit nicht nur zu sagen, sondern zu sein, ist die zentrale Provokation auch des heutigen, vielfach angefochtenen Christentums. Zu diesem Wahrheitsanspruch des Christentums bekennt sich Gerhard Kaiser, unbekümmert um alle Brauchbarkeits- und Nützlichkeitsnachweise von Religion und Glauben für die Gesellschaft. Wer sich nur nach utilitaristischen Überlegungen ausrichtet, verspielt die Wahrheit des Christentums und damit auch seine eigentliche Wirkkraft. „Wonach ich mich denkend ausstrecke, ist die Wahrheit des Christentums, die ich nicht weiß, aber glaube."[17] Hier eröffnet sich für ihn die Frage nach einer Toleranz, die nicht mit Gleichgültigkeit zu verwechseln ist.[18]

---

15 Der Wahrheitsanspruch des Christentums. Zwei Essays. Tübingen 2009, 2.

16 Ebd. 3f.

17 Ebd. 90.

18 Vgl. dazu seinen Aufsatz: Toleranz. Der historische und aktuelle Spielraum einer Idee. In: Stimmen der Zeit 228 (2010), 541–555.

III.

In der Schrift über den Wahrheitsanspruch sagt Gerhard Kaiser, mit dieser Darlegung stehe er am Ziel seines Denkens.[19] Nun hat er aber nochmals zur Feder gegriffen und Kerngedanken seines Verständnisses zur Bibel in der vorliegenden Schrift „Die Menschwerdung Gottes im Bibeltext“ zur Sprache gebracht. Hier entfaltet er sein Verständnis des Evangeliums. Er sieht eine Entsprechung zwischen der Menschwerdung Gottes und dem Wort Gottes in der Schrift. Die Herablassung Gottes – er sagt dafür auch gerne Menschenannäherung – erfolgt nicht nur in der Inkarnation, sondern geschieht auch im menschlichen Erzählen von Gott in den Evangelien. Auch die Schrift mit ihren Grenzen, in ihrer Angewiesenheit auf den endlichen und sündigen Menschen, ist eine Knechtsgestalt des sich offenbarenden Gottes. Seine Herablassung, die in der Kreuzigung kulminiert, ist nicht nur die Bedingung der Möglichkeit von Offenbarung im Blick auf die beschränkte Fassungskraft des Menschen, sondern zugleich auch ein Weg, um den Menschen besonders tief in das Geheimnis Gottes einzubeziehen. Nur so kann das Unsägliche gesagt werden. Die Verhüllung im Offenbarungsgeschehen ist deshalb nicht nur negativ zu verstehen.

Vor diesem Hintergrund werden in fünf großen Schritten die Mitteilung des Wortes von Gott her, das Geschehnis der Erzählung als Offenbarungsweise Gottes in der Bibel, das Reden Jesu in Gleichnissen, das Verhältnis von Weltgeschichte und Heilsgeschichte sowie von Erzählung und Theologie dargelegt. Dabei mischen sich ganz grundlegende Erkenntnisse und eindringliche Einzelinterpretationen. Das eine erhellt das andere. So gibt es einerseits treffende Interpretationen zum Beispiel der Passionserzählung, des Gleichnisses vom Sämann und der Weihnachtsgeschichte, anderseits Beobachtungen etwa zur Eigenart des

[19] Ebd. 2.

Korans im Vergleich mit den Evangelien. Schließlich endet der dichte Text in einer Erörterung des Verhältnisses von Erzählung und Verständnis der Bibel. Die Bibel verschließt sich nicht im Modus der Erzählung und ist schon gar nicht auf Nacherzählung angewiesen, sondern braucht Auslegung und damit Theologie. Aber auch die Theologie darf die Knechtsgestalt nicht abschütteln. Es kann nur ein Gelingen sein, dem immer ein Moment des Scheiterns innewohnt. Deswegen darf in der Arbeit der Theologie die zeitliche und sachliche Uneinholbarkeit des Geschehens, von dem die Bibel erzählt und zeugt, nie vergessen werden. „Weder der Erzähler noch der Theologe noch der Exeget sitzt zur Rechten Gottes."

Gottes Offenbarung in Knechtsgestalt durch Menschen wird für Gerhard Kaiser am Ende dieser Schrift besonders offenkundig in Jesu Christi besonderer Hinneigung zu den Kindern. Sie haben die unbedingte Haltung des Empfangens. „Die Kinder kommen mit nichts als sich selbst zu Gott, weil sie so sind; die Erwachsenen können werden *wie* die Kinder. Sie werden es, indem sie ihrer Unwissenheit und Bedürftigkeit bewusst werden, und Jesus weist sie auf diesem Weg, indem er sie auf die Kinder verweist." So zeigt sich in großer Tiefe, dass das Lob Gottes aus dem Mund der Unmündigen in besonderer Weise die letzte Aussage ist, die der Mensch machen kann.

Gerhard Kaiser gelingen in dieser Darstellung ausgezeichnete Formulierungen. Sie betreffen einerseits allgemeine Grundeinsichten wie etwa die unüberholbare Gültigkeit der Endgestalt des biblischen Textes und die spezifische Struktur des biblischen Erzählens; anderseits charakterisieren sie in besonderer Treffsicherheit mit knappen, dichten Sätzen zum Beispiel die eigene Struktur und Bedeutung des letzten Buches des Neuen Testaments, der Offenbarung, die Gestalt des Pilatus oder auch die unverwechselbare sprachliche Form der Passionsgeschichte.

Viele geradezu aphoristisch verdichtete Pointen beschreiben tiefe Einsichten, die Theologie und zumal Exegese bereichern. Ich möchte nur einige Beispiele erwähnen:

„Glauben kann man nicht argumentativ hervorrufen. Aber man kann ihn, als Angeredeter, bedenken."

„Der Mensch darf als Offenbarungsträger von Gott erzählen, indem er hinterhersieht."

„Sehr viel wahrscheinlicher als ein Widerspruch im Text ist es, dass wir als spätere Ausleger seinen springenden Punkt nicht erfassen."

„Die Gleichnisse sind Stolpersteine, hoch komplexe Gebilde mit einem großen Potenzial an Strahlkraft und Hintergründigkeit, versteckt an der Oberfläche."

„Es ist Gottes Wille und Tat, dass dem Mensch gerade in seiner Unmündigkeit der Mund aufgeht, um Gott zu loben."

Was Gerhard Kaiser erschließt, ist gemeinchristliches Erbe und gemeinsamer Auftrag. Gewiss ist er stark von der Bibelübersetzung Luthers und theologisch besonders von Eberhard Jüngel geprägt. Das katholische Mitdenken würde wohl, ohne deswegen den Rahmen zu verlassen, das Verhältnis von Wort und Sakrament sowie des Einzelnen zur Kirche noch stärker verfolgen.

*

Gerhard Kaiser hat diese außerordentliche Schrift wie ein Vermächtnis geschrieben. Bei aller Gelehrsamkeit spürt man das Herzblut eines ursprünglichen Lesers der Bibel. Manche seiner Sätze brauchen ein Buch, um wirklich ausgeschöpft zu werden. Gerhard Kaiser kommt immer wieder zu großen, freilich tief demütigen Bekenntnissen: „Wenn wir beim Ostergeschehen akzeptieren können, dass noch im unausdenkbar Schrecklichen Gottes Liebe spricht und sieht, dann löst sich der Bann der Zweideutigkeit, der über der Welt, uns und den nichtchristlichen Gottesbildern liegt, unser Blick kann sich befreien von der Faszination des Schrecklichen, das es überall, sogar in der Frühlingspracht der Natur, gibt. Wir können gefasst dem Leiden und dem Tod entgegengehen, die uns bestimmt sind. Wir brauchen unter der Sünde nicht zu verzweifeln. Wir können uns dem Glück hingeben, zu lieben, weil wir geliebt sind."[20]

Gerhard Kaiser hat diese und andere Worte seinem Leben und zuletzt dem Leiden in schwerer Krankheit abgerungen. Er war dankbar für das Gespräch darüber. Frau Dr. Barbara Nichtweiß, Germanistin und Theologin, eine Studentin Gerhard Kaisers aus der ersten Hälfte der 80er Jahre, hatte in den letzten Jahren einen besonderen Anteil am Austausch mit ihm über diese Themen. Sie hat Gerhard Kaiser auch immer wieder ermutigt. Er hat ihr dafür das Vertrauen eingeräumt, diesen Text für die Drucklegung verschiedentlich durchzusehen. Ich durfte zur Freude Gerhard Kaisers diesen Weg mitgehen, besonders in der letzten Phase. Wir sind dankbar für das Geschenk dieses großen Vermächtnisses am Ende eines reichen Lebens und Wirkens, das uns noch lange ein Segen sein kann.

[20] Der Wahrheitsanspruch des Christentums, 88f.

Gerhard Kaiser, im Advent 2009 in Freiburg

(Foto: Barbara Nichtweiß)

Zuletzt erschienen von Gerhard Kaiser folgende Veröffentlichungen:

Spätlese. Beiträge zur Theologie, Literaturwissenschaft und Geistesgeschichte. Tübingen und Basel 2008.

Resurrection. Die Christus-Trilogie von Patrick Roth. Tübingen und Basel 2008.

Der Wahrheitsanspruch des Christentums. Tübingen und Basel 2009.

Kann Klassik widerrufen werden? Gerhart Hauptmanns Iphigenie in Hitlers Weltkrieg. In: Goethe-Jahrbuch 121 (2009), 182–193.

G. K. / Hans-Peter Mathys: Das Buch Hiob. Dichtung als Theologie. Berlin 2010. (Verlag der Weltreligionen. TB. 16.)

Toleranz. Der historische und aktuelle Spielraum einer Idee. In: Stimmen der Zeit 228 (2010), 541–555.

„... wilder als alles Vergängliche". Fünf Essays zu deutschsprachigen Werken der Gegenwartsliteratur. Daniel Kehlmann, Christian Lehnert, Adolf Muschg, Christoph Ransmayr, Patrick Roth. Freiburg (im Druck).